W0406589

Guía de
Un Paseo por España 2

Jaime Corpas

Guía de
Un paseo por España 2

Autor:
Jaime Corpas

Coordinación editorial y redacción:
Núria París

Documentación y corrección:
Montse Belver

Revisión pedagógica:
Nuria Sánchez, Antonio Vañó

Diseño y maquetación:
Lula Alegre

Ilutraciones:
Pere Virgili

Agradecimientos:
Imágenes © Turismo Andaluz, S.A. (Fotos: Felipe Crespo, Antonio Garrido, Bernardo Guerra y Paolo Tiengo)
Govern Balear-Conselleria de Turisme / Institut Balear de Promoció del Turisme (Fotos: Pere Coll, Eduardo Miralles y Manuela Muñoz)
Junta de Comunidades de Castilla-La Mancha, Dirección General de Turismo
Generalitat de Catalunya, Turisme de Catalunya
Junta de Extremadura, Consejería de Obras públicas y Turismo
Gobierno de La Rioja: Dirección General de Comercio y Turismo
Gobierno Vasco: Departamento de Industria, Comercio y Turismo

Difusión, S.L., Barcelona, 2000
ISBN: 84-89344-87-6
Depósito legal: B-24.220-2000

Impreso en España por TESYS Industria Gráfica, S.A.
Este libro está impreso en papel ecológico

DIFUSIÓN

Centro de Investigación y Publicaciones de Idiomas, S.L.
C/ Trafalgar, 10 entlo. 1ª 08010 Barcelona Tel. 93 268 03 00 Fax 93 310 33 40
E-mail: editdif@intercom.es
http://www.difusion.com

ÍNDICE

INTRODUCCIÓN

UN POCO DE HISTORIA

ESPAÑA Y SUS COMUNIDADES AUTÓNOMAS

La división actual del territorio español es el resultado de las transformaciones que se han producido a lo largo de su historia. Conserva particularidades que ya se daban en la Alta Edad Media, o que surgieron entre la edad Moderna y la Contemporánea.

A mediados del siglo XV, la Península Ibérica estaba dividida en reinos. Había cinco reinos independientes; cuatro de ellos eran cristianos, Portugal, Castilla, Navarra y Aragón, y uno musulmán, Granada. Ésta era la organización territorial cuando Isabel de Castilla y Fernando de Aragón, mediante su matrimonio en 1479, decidieron unificar los reinos y crear un estado unitario que abarcara todo el territorio peninsular.

A principios del siglo XIX, el territorio se divide en regiones que agrupan una o varias provincias. Éstas se convierten en elementos intermedios de la organización territorial entre el Estado y los municipios, y experimentan diversas modificaciones a lo largo de los siglos XIX y XX.

A partir de la Constitución de 1978, España se organiza -desde un punto de vista territorial- en municipios, provincias y comunidades autónomas. Actualmente, se compone de diecinueve comunidades. Algunas están formadas por una sola provincia (Asturias, Baleares, Cantabria, Madrid, Murcia, Navarra y La Rioja) y otras por varias (Canarias, Extremadura, Aragón, País Vasco, Valencia, Cataluña, Galicia, Castilla-La Mancha, Andalucía y Castilla y León). En 1995 Ceuta y Melilla son oficialmente reconocidas como comunidades autónomas. La máxima representación autonómica recae en el Presidente de la Comunidad, que es elegido cada cuatro años. La provincia, según la Constitución, es una entidad local determinada por la agrupación de municipios; estos últimos son la división territorial más pequeña y cuentan con un ayuntamiento que gobierna el alcalde.

UN PASEO POR ESPAÑA

LOS VÍDEOS

Los dos vídeos de *Un paseo por España* se han elaborado a partir de imágenes cedidas por los Departamentos de Turismo de diferentes comunidades autónomas. En ellos se presenta la riqueza y variedad de 14 comunidades españolas. En la selección y montaje de estos reportajes se han tenido en cuenta sus posibilidades de explotación didáctica. *Un paseo por España* es un material diseñado para trabajar aspectos culturales como la historia, la geografía, el arte, la gastronomía, las fiestas... y pretende mostrar la diversidad cultural española; se trata, pues, de un complemento pedagógico especialmente motivador, por la calidad de sus imágenes y es, por tanto, muy recomendable para cursos específicos de cultura y civilización española.

LAS GUÍAS

Las dos guías que acompañan los vídeos *Un paseo por España 1* y *Un paseo por España 2* están diseñadas para facilitar la comprensión y explotación de los reportajes de cada una de las comunidades.

- Las guías se estructuran de la siguiente manera:

REPERTORIO DE ACTIVIDADES PARA DAR "UN PASEO POR ESPAÑA"
En este apartado se incluyen una serie de propuestas de actividades que sirven para explotar cualquiera de los reportajes y que pueden ser una alternativa o un complemento a los ejercicios específicos que se proponen para cada comunidad. Algunas actividades se pueden realizar antes de ver el reportaje, otras durante el visionado y otras, después.

TAREAS GLOBALES
Dos propuestas que se pueden realizar tras el visionado de varias comunidades: un "Festival de Vídeo Turístico" y el "Juego de las preguntas". Estas dos tareas globales pretenden dar continuidad y recoger el trabajo que se ha ido desarrollando a lo largo del curso. Asimismo, favorecen que los alumnos adquieran una visión de conjunto que les permita contrastar y comparar distintas regiones de España.

- Para cada una de las comunidades, la guía incluye todo tipo de información y actividades específicas:

MAPA
Un mapa de la comunidad con dibujos representativos de lugares, costumbres o productos de esa región.

DATOS DE INTERÉS
Una ficha técnica que contiene información básica sobre la comunidad: habitantes, superficie, provincias, productos, personajes...

COSAS DE...
Unas páginas de información que aclaran y complementan las imágenes que aparecen en el vídeo. Es una base de consulta tanto para el profesor como para el alumno.

PALABRAS
Un breve glosario con palabras estrechamente relacionadas con la comunidad, que, además, favorece la mejor comprensión del reportaje.

ACTIVIDADES
Tres propuestas de ejercicios. Cada una de ellas pensada para un nivel distinto: básico, intermedio o avanzado. En muchos casos, especialmente con alumnos de nivel intermedio o avanzado, se puede trabajar más de una actividad.

TRANSCRIPCIONES
En las guías se incluyen las transcripciones de todos los textos que acompañan las imágenes.

SOLUCIONES
Al final del libro se encuentran las soluciones para el profesor o para aquellos estudiantes que quieran autocorregirse.

REPERTORIO DE ACTIVIDADES PARA DAR "UN PASEO POR ESPAÑA"

Estas actividades se pueden realizar con cualquier comunidad. Pueden ser una alternativa o un complemento a los ejercicios específicos que se proponen para cada región.

EL MAPA DE ESPAÑA
Puede ser útil tener un mapa de España colgado en el aula. Podemos utilizarlo para situar la comunidad antes de ver el reportaje o bien para marcar en el mapa la visita a esa zona (con un alfiler, con un adhesivo, etc.) después del visionado. De esa forma, el alumno puede ir observando qué lugares ha visitado a lo largo del curso.

INTERPRETAR EL MAPA DE LA COMUNIDAD
Antes de ver el reportaje, los alumnos intentan interpretar los dibujos que aparecen en el mapa de cada comunidad que se incluye en la guía. Con la ayuda del apartado "Cosas de..." podemos aclarar las dudas que surjan.

PREGUNTAS
Antes de ver el reportaje, los alumnos preparan preguntas sobre cosas que quieren saber sobre la comunidad. A continuación, intentan encontrar las respuestas visionando el reportaje.

PRESENTAR LA COMUNIDAD
Durante el curso los alumnos presentan las diversas comunidades. En grupos o individualmente se responsabilizan de recabar información sobre una de ellas. Por turnos se encargarán de presentar la comunidad a sus compañeros.

LA TRANSCRIPCIÓN
Entregamos a los alumnos la transcripción incompleta, en función del nivel de los alumnos y del grado de dificultad de los textos. Tienen que completarla tras uno o varios visionados.

VERDADERO O FALSO
Les entregamos una serie de frases con información sobre la comunidad. Algunas no son ciertas. Mientras ven el vídeo, detectan cuáles son verdaderas y cuáles, falsas.

FOTOS
Repartimos a los alumnos fotos de diferentes comunidades entre las que sólo hay una o dos que corresponden a la comunidad que se va a visionar. Mientras ven el vídeo, el alumno que tiene la foto de dicha comunidad debe identificarla.

LUGARES DE INTERÉS
Mientras ven el vídeo, los alumnos confeccionan, en grupos o en parejas, una lista de lugares o actividades de interés cultural de la región. Gana el equipo con la lista más larga.

ESCRIBIR UN GUIÓN
Los alumnos escriben un guión que acompañará las imágenes del vídeo. Antes, les entregamos la información que se incluye en el apartado "Cosas de..." y les pasamos el reportaje sin sonido.

MÚSICA
Les mostramos una secuencia del reportaje, sin sonido, y les pedimos que propongan un fondo musical para realizar un videoclip sobre la comunidad.

IGUAL Y DIFERENTE
Tras visionar el reportaje, los alumnos comentan las similitudes y las diferencias entre la comunidad que han visto y la región donde viven habitualmente o donde estudian español en este momento.

UNA FRASE
Después de ver el reportaje, escriben una frase que resuma la impresión que han tenido de la comunidad. Las frases se pueden colgar en las paredes del aula, debajo del nombre de la comunidad...

LAS PALABRAS DE LA COMUNIDAD
Después del visionado del reportaje, los alumnos escriben palabras que puedan resumir una serie de aspectos de la comunidad. A continuación, se pone en común con el resto de la clase para ver en qué han coincidido.

- Un lugar:
- Un color:
- Una comida:
- Una bebida:
- Un deporte:
- Una cosa:

UN REPORTAJE
Los alumnos simularán ser expertos en publicidad. Tienen que observar la estructura del reportaje, el texto, la calidad de las imágenes, la música y otros puntos que consideren interesantes. Después, en común, hacen una crítica de cada uno esos aspectos y, si lo consideran necesario, proponen una estructura diferente o una nueva idea para realizar un reportaje promocional de la comunidad.

UN VIAJE
Los alumnos son turoperadores. Han visitado la comunidad porque quieren llevar allí a un grupo de turistas. Deciden cuáles son los tres lugares más interesantes y preparan un cartel publicitario con el que se promociona la comunidad.

POSTALES
Tras ver el reportaje, los alumnos tienen que escribir una postal a un amigo, deben imaginarse que están pasando unos días en esa comunidad.

TAREAS GLOBALES

Dos propuestas que se pueden realizar tras el visionado de varias comunidades:

1. FESTIVAL DE VÍDEO TURÍSTICO

ANTES DE EMPEZAR A VER LOS REPORTAJES:

Los alumnos van a ser miembros del jurado del "Festival Internacional de Vídeo Turístico". Tienen que decidir a qué comunidad le van a dar el premio al mejor vídeo turístico. En grupos, acuerdan los criterios para evaluar cada uno de los reportajes. Algunos criterios pueden ser: originalidad, música, montaje, texto, contenido informativo, selección de las imágenes, calidad de las imágenes... Después se hará una puesta en común para unificar los criterios de toda la clase; es recomendable que puedan estar a la vista de los alumnos mientras dure el festival.

ANTES DEL VISIONADO:

Además de realizar una (o más) de las actividades propuestas para cada comunidad, es conveniente recordar a los alumnos que tengan en cuenta el premio al mejor vídeo turístico y que, como miembros del jurado del festival, no se olviden de dar una puntuación a la comunidad, siguiendo los criterios acordados para evaluar los reportajes.

DESPUÉS DEL VISIONADO:

Se les puede entregar una copia de la "hoja del jurado". En grupos, tendrán que decidir qué puntuación "provisional" van a dar al reportaje de la comunidad que han visto. Por ejemplo, si a lo largo del curso van a ver siete comunidades, pueden repartir entre ellas la siguiente puntuación: 0, 1, 2, 4, 6, 8, y 10.

DESPUÉS DEL VISIONADO DE LOS REPORTAJES:

Después del visionado de las siete comunidades se discuten las votaciones, y deciden una puntuación "definitiva".
En la pizarra se escriben los nombres de las comunidades que han visionado y se anota la puntuación que cada grupo otorga a cada comunidad. Se pasa al recuento de votos; la comunidad con la puntuación más alta es la ganadora del festival. Finalmente, si los alumnos lo desean, se puede volver a ver la comunidad más votada.

Festival Internacional de Vídeo Turístico
HOJA DEL JURADO

Comunidades	Puntuación "provisional"	Puntuación "definitiva"
Andalucía		
Baleares		
Castilla-La Mancha		
Cataluña		
Extremadura		
La Rioja		
País Vasco		

2. EL JUEGO DE LAS PREGUNTAS

ANTES DE EMPEZAR A VER LOS REPORTAJES:
Anunciamos a nuestros alumnos que, además de ver los reportajes y aprender cosas sobre la diversidad cultural española, a lo largo del curso, van a preparar un juego-concurso a base de preguntas. Para empezar, se divide la clase en dos equipos. Cada grupo decide un nombre para su equipo. Puede ser el nombre de un monumento, de una ciudad o de una región de España.

ANTES DEL VISIONADO:
Además de realizar una (o más) de las actividades propuestas para cada comunidad, se les puede pedir que recuerden que tienen que preparar las preguntas para el juego. Deben tomar notas para poder después proponer preguntas a su grupo.

DESPUÉS DEL VISIONADO:
Cada grupo se reúne para preparar tres preguntas. Los contenidos de las preguntas deben estar relacionados con la información que aparece en el reportaje o en la/s actividad/es que han realizado. Las preguntas pueden seguir el siguiente modelo:

COMUNIDAD:

Pregunta: ____________________

a ____________________
b ____________________
c ____________________

ANDALUCÍA

¿Cuántas provincias tiene Andalucía?

a una.
b ocho.
c cinco.

DESPUÉS DEL VISIONADO DE LOS REPORTAJES:
Cada equipo, por turnos, formula las preguntas al equipo contrario. Reciben un punto positivo por cada acierto y uno negativo por cada error. El profesor va anotando la puntuación en la pizarra. El equipo ganador recibirá un premio.

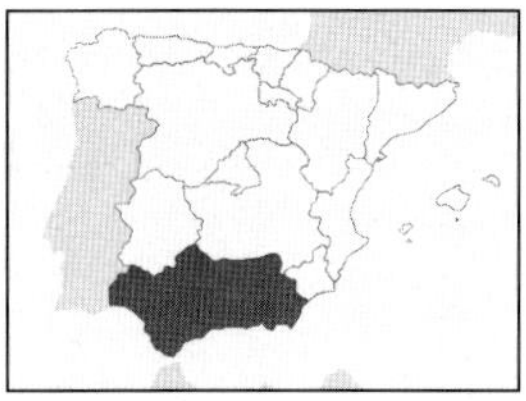

Andalucía

DATOS DE INTERÉS

Provincias: Almería, Cádiz, Córdoba, Granada, Huelva, Jaén, Málaga y Sevilla.

Capital: Sevilla

Habitantes: 7 040 627

Superficie: 87 268 km^2

Gobierno autonómico: Junta de Andalucía.

Productos: aceite de oliva, aceitunas, vino, jamón de jabugo, alfarería y guitarras.

Sugerencias gastronómicas: "gazpacho", sopa fría a base de tomate, agua, aceite, vinagre, sal y miga de pan a la que normalmente se le añade un picadillo de cebolla, pepino y pimiento; "pescaíto frito" es pescado rebozado y frito en aceite.

Fiestas: "Feria de Abril", durante una semana en Sevilla se acondiciona un recinto que se adorna con flores, luces y casetas donde acuden los visitantes, muchos vestidos con trajes típicos; "Romería del Rocío", los devotos y simpatizantes de la Virgen del Rocío se desplazan a pie, a caballo o en carretas hasta la ermita del pueblo del Rocío (Huelva) donde se encuentra la imagen de la Virgen.

Personajes: Federico García Lorca, poeta de la Generación del 27, uno de los poetas españoles más admirados internacionalmente; Diego de Velázquez, conocido pintor del siglo XVII autor de *Las Meninas*.

COSAS DE ANDALUCÍA

Andalucía

Llamada "Vandalucía" por los vándalos y "al-Andalus" por los árabes, **Andalucía** ocupa un 20% de la superficie de España y es una de las regiones más cálidas de Europa. Sus costas están bañadas por el mar Mediterráneo y el océano Atlántico. La extensión de su territorio y las características de su relieve propician una gran variedad de climas y paisajes: desde las cumbres blancas de Sierra Nevada hasta el clima subtropical de las playas de Málaga o del desierto de Almería. Este constraste se manifiesta también en la historia y en el patrimonio artístico y cultural que han dejado los distintos pueblos a su paso por esta tierra. Fenicios, griegos, romanos, íberos, vándalos, judíos y árabes han hecho sus aportaciones en agricultura, gastronomía y en los diversos ámbitos de la cultura, sobre todo en la arquitectura.

Arquitectura

Todos los pueblos que pasaron por Andalucía dejaron su huella en la **arquitectura**. Entre los exponentes más significativos de las diferentes culturas destacan Itálica, la ciudad romana que hizo construir Escipión en los alrededores de Sevilla, la herencia de los árabes en el arte mudéjar y mozárabe y en monumentos emblemáticos como la Mezquita de Córdoba, la Alhambra de Granada y la Giralda de Sevilla, o las juderías (barrios judíos) como la de Córdoba. Son típicas sus casas blancas con las paredes cubiertas de macetas con flores y sus patios, lugares frescos pensados para el reposo.

Fiestas

Tres de las fiestas más importantes que se celebran en Andalucía son la Feria de Abril, el Rocío y la Semana Santa.
En la **Feria de Abril**, Sevilla se concentra durante una semana en torno al recinto ferial. Allí se construye una ciudad de lona adornada con flores, banderines y farolillos, y repleta de centenares de casetas en las que los asistentes pueden cantar, bailar y disfrutar de los famosos vinos de Jerez. Mucha gente llega a la Feria a caballo, vestida con trajes típicos.

El pueblo de **El Rocío** (Huelva) reúne cada año a casi un millón de personas que llegan desde diferentes procedencias a pie, a caballo o en carretas para rendir homenaje a la Virgen del Rocío.
La **Semana Santa,** que se celebra en distintas poblaciones andaluzas, es una de las fiestas más emotivas, cargadas de sentimiento y que congrega a más gente de España. El público acompaña a las procesiones en las que desfilan los pasos (tronos con imágenes de Jesús o de la Virgen), con aplausos y saetas, cantes dedicados a la imagen a la cual son devotos. Las más conocidas son las de Sevilla, Málaga y Granada.

Pueblos blancos

La blancura es la nota sobresaliente de los pueblos de Andalucía debido a la costumbre de encalar las paredes de las casas. Al noroeste de la provincia de Cádiz hay una zona conocida como la "Ruta de los pueblos blancos", donde, sobre colinas, se agrupan numerosos pueblos de esta característica.

Parque Nacional de Doñana

Declarado en 1969 espacio protegido, el Parque Nacional de Doñana es la reserva ecológica más importante de Europa. Está situado en la provincia de Huelva y se extiende también por Cádiz y Sevilla. En su paisaje predominan las extensas playas, dunas costeras, marismas y montes de matorral mediterráneo.

Las especies animales más comunes son el ciervo, el gamo y el jabalí aunque alberga especies en vías de extinción como el águila imperial o el lince. En invierno, sus marismas son el lugar de paso de miles de aves migratorias, como el flamenco.

Sierra Nevada

Situada en la provincia de Granada, **Sierra Nevada** es un macizo montañoso que se ha convertido en la estación de esquí más importante del sur de Europa. En ella se encuentra el Mulhacén, de 3478 metros, el pico más alto de la Península.

Cabo de Gata

Cerca de la ciudad de Almería se sitúa el Parque Natural de **Cabo de Gata-Níjar** en el que predominan los paisajes con acantilados volcánicos, salinas, playas desiertas, dunas y calas apartadas. Sus aguas transparentes y la fauna y flora marina atraen a multitud de submarinistas. En las playas y marismas se han censado hasta 169 especies de aves migratorias y se han registrado grandes concentraciones de flamencos.

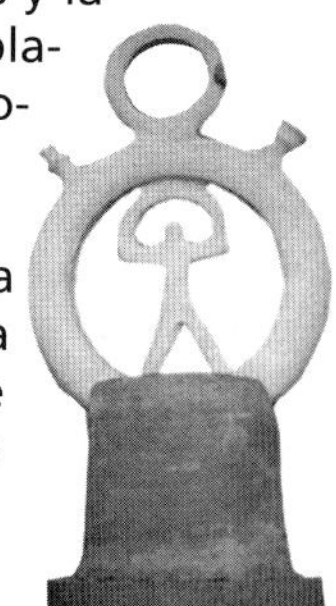

Alfarería

Andalucía es una tierra rica en artesanía. En Almería destaca la **alfarería**, el arte de hacer vasijas y otras piezas de barro cocido, una importante herencia árabe. Las piezas más tradicionales que se realizan en los mismos hornos que se utilizaron hace ocho siglos son cántaros, botijos, platos, etc.

Cádiz

Fundada por los fenicios en torno al año 1100 a. C., es una de las ciudades más antiguas de Europa y jugó un papel importante en la historia de España ya que en el año 1812 se promulgó la primera constitución liberal del país en las famosas Cortes de Cádiz.

Carnavales de Cádiz

Uno de los acontecimientos que da más renombre a la ciudad son sus **carnavales**, que han sido declarados de interés turístico. Se celebran en febrero y durante estas fiestas la ciudad entera se disfraza y sale a la calle. Las diferentes agrupaciones (coros, comparsas, cuartetos, chirigotas...) se preparan durante todo el año para poder cantar canciones cómicas o satíricas cuyo blanco suelen ser políticos, famosos o las últimas noticias de actualidad.

Jerez de la Frontera

Situada en la provincia de Cádiz, **Jerez** es conocida internacionalmente por sus vinos: en la localidad se pueden visitar muchas bodegas como las de González Byass y Pedro Domecq. También es famosa por sus caballos, como el de pura raza hispano-árabe o el caballo cartujano. Jerez alberga la Real Escuela Andaluza de Arte Ecuestre. Entre abril y mayo se celebra la Feria del Caballo en la que se organizan carreras, concursos de doma y exposición de ganado.

Córdoba

Córdoba fue durante mucho tiempo el centro cultural más importante de Europa y del mundo islámico donde durante siglos convivieron judíos, musulmanes y cristianos. En la arquitectura se puede observar la huella de las distintas culturas que han pasado por la ciudad. Una de las zonas destacables de Córdoba es la judería, un barrio cuyas calles y edificios son testimonio de la importancia de la comunidad judía en esta ciudad, de la cual surgieron científicos, poetas y filósofos como Maimónides. Uno de los mayores atractivos de la ciudad es la mezquita, una construcción árabe que sorprende por los efectos de luz y color que se producen entre sus casi mil columnas.

Mezquita de Córdoba

La **Mezquita de Córdoba**, el monumento más emblemático de la ciudad, es también un símbolo de su síntesis cultural. Comenzada a construir en el siglo VIII, ha sido declarada Patrimonio de la Humanidad y es la tercera mezquita del mundo en extensión. En ella destaca el Patio de los Naranjos y, en el interior, sus casi mil columnas con capiteles romanos, paleocristianos y bizantinos sobre los que se levantan sus sorprendentes arcos de herradura.

Granada

La provincia de **Granada** se caracteriza por su variedad paisajística: en pocos kilómetros se puede pasar de un paisaje montañoso como el de Sierra Nevada a uno costero. En la capital, **Granada,** el paso de la historia se manifiesta en cada uno de sus monumentos. Durante mucho tiempo fue la capital de al-Andalus, el antiguo reino de Andalucía y también la última ciudad en ser reconquistada por los Reyes Católicos en el año 1492. Una de las muestras arquitectónicas más notables de la herencia árabe es la Alhambra.

Alhambra de Granada

Situada a los pies de Sierra Nevada, es uno de los palacios árabes más antiguos y mejor conservados del mundo. Destaca el Patio de los Leones, en el que hay una fuente central que descansa sobre 12 leones. Al norte de la **Alhambra** se encuentra el Generalife que se empezó a construir en el siglo XIII como residencia de verano del califa. Son especialmente conocidos los Jardines del Generalife, los cuales sirven de escenario al festival de música y danza de Granada.

Huelva

Provincia fronteriza con Portugal, su paisaje alterna zonas montañosas como la del Coto de Doñana con playas bañadas por el océano Atlántico. En esta región se elabora el apreciado jamón de jabugo. La capital, **Huelva**, fue un importante puerto durante la época romana. Desde el puerto de la localidad onubense de Palos de la Frontera partieron las tres carabelas de Colón en busca del Nuevo Mundo.

Jaén

La ciudad de **Jaén** está rodeada por grandes extensiones de campos de olivares. De la época de dominación árabe destacan los baños árabes, del siglo XI, con arcos de herradura. En el techo hay pequeñas ventanas estrelladas que dejan pasar la luz creando efectos luminosos.

Costa del Sol

Situada entre Gibraltar y Málaga, es una de las costas más turísticas de España. Ofrece una amplia gama de centros de veraneo y la posibilidad de practicar todo tipo de deportes acuáticos. Algunas de las poblaciones más conocidas son Torremolinos, Estepona, Fuengirola, Puerto Banús, Benalmádena y, sobre todo, Marbella, destino habitual de personajes famosos.

Sevilla

Capital de Andalucía, Sevilla experimentó una sorprendente reforma urbanística con motivo de la celebración de la EXPO'92 (Exposición Universal). Es una de las ciudades de España más apreciadas por su ambiente y arquitectura. Algunas de las zonas con más renombre de la ciudad son el Arenal, el barrio de Santa Cruz y Triana. El Arenal, situado junto al Guadalquivir, fue el antiguo puerto de Sevilla. Hoy en día su ambiente lo determina la impresionante plaza de toros de la Maestranza. Uno de los monumentos más conocidos de esta zona es la Torre del Oro, construida en el siglo XIII para proteger el puerto. El barrio de Santa Cruz es el antiguo barrio judío de Sevilla, con estrechas callejuelas y patios recoletos. Aquí están muchos de los monumentos más emblemáticos de la ciudad: los Reales Alcázares, suntuosos palacios de estilo mudéjar rodeados de impresionantes jardines, y la catedral gótica con su altiva torre, la Giralda. Triana fue en su día el barrio gitano de Sevilla y hoy en día es un barrio popular con calles llenas de flores.

Giralda de Sevilla

La Giralda es uno de los monumentos más representativos de Sevilla. Cuando se construyó en el siglo XII, era el minarete de la mezquita sobre la que posteriormente se construyó la catedral. Experimentó multitud de reformas hasta el siglo XVI, siglo en que se realizó el actual diseño de Hernán Ruiz.

PALABRAS

alfarería: arte de fabricar vasijas y otras piezas de barro cocido.
andaluz/a: de Andalucía.
azulejo: baldosa de diversos colores que se utiliza para cubrir o decorar paredes.
carmen: casa típica de Granada, que suele tener huerta o jardín.
caseta: espacio provisional donde se reúnen los que asisten a una feria.
encalar: blanquear con cal las paredes de las casas.
espetón: conjunto de sardinas atravesadas por una caña, que se suelen asar al aire libre.
flamenco: variedad de cante y baile típicamente andaluz.
geranio: planta con flores de colores vivos y variados, característica de Andalucía, que adorna muchos de sus balcones, ventanas y patios.
mezquita: edificio en el que los musulmanes practican sus ceremonias religiosas.
mozárabe: habitante cristiano en una zona de dominación árabe.
mudéjar: habitante musulmán en una zona de dominación cristiana. Estilo arquitectónico, del siglo XIII al XVI, caracterizado por la conservación de elementos del arte cristiano y el empleo de la ornamentación árabe.
onubense: de Huelva.
peineta: peine que se utiliza como adorno para sujetar y adornar el pelo.
sevillanas: baile y cante originario de la región de Sevilla.
tablao: local donde se realizan espectáculos de cante y baile flamencos.
tapa: pequeña porción de comida que suele acompañar la bebida. En Andalucía es muy típico servir una tapa al pedir un vino o una cerveza.

Más información en: www.andalucia.org

OCHO PROVINCIAS

A. Andalucía es, posiblemente, la región española más conocida en el mundo. ¿Puedes situarla en el mapa?

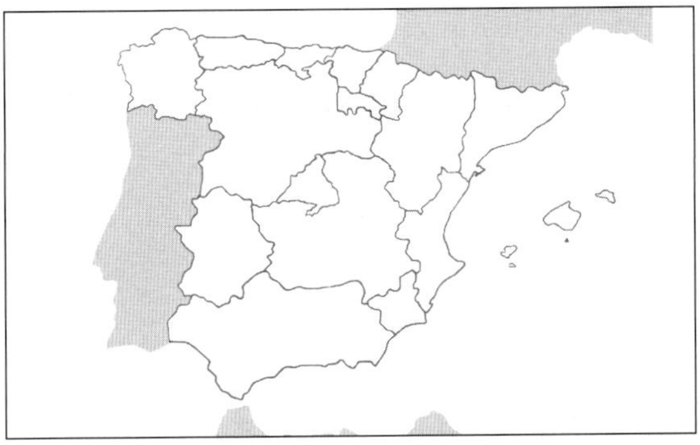

B. Vas a ver los dos primeros minutos de presentación de un reportaje sobre Andalucía. Esta comunidad consta de ocho provincias, ¿qué cuatro provincias faltan en esta lista?

Almería

Cádiz

Córdoba

Jaén

C. Ahora vas a ver el resto del reportaje sobre Andalucía. ¿Es muy diferente a tu región? Coméntalo con tus compañeros.

CONOCER ANDALUCÍA

A. Este es el texto que acompaña al reportaje sobre Andalucía. Intenta completar los espacios con las palabras que faltan.

extensión	*urbanización*	*fiestas*
parques naturales	*temperatura*	*blancos*
árabes	*vinos*	
comercio	*alegres*	

Andalucía

Andalucía ocupa casi el 20 por ciento de la (1)____________ de la Península Ibérica, disfruta de 300 días de sol al año y una (2)____________ media de 20 grados centígrados. El mar Mediterráneo y el océano Atlántico delimitan unas costas que sirvieron de puerto a numerosas civilizaciones: fenicios y cartagineses, romanos, (3)________, etc.

No es posible entender Andalucía sin conocer su historia. La cultura de este pueblo está irrevocablemente ligada al pasado. Tradiciones profundamente arraigadas han desembocado en unas (4)____________ populares, ya sean religiosas o paganas, de impresionante contenido artístico.

Los contrastes son habituales en esta tierra, muchas de sus ciudades y pueblos conservan la (5)____________ musulmana de estrechas callejuelas que desembocan en plazas recoletas y facilitan al visitante la sombra y el reposo. Las todavía erguidas juderías evocan tiempos en los que el (6)____________ era su motor económico y sus impresionantes murallas de defensa, los feudos medievales.

Andalucía encierra muchos secretos que aún están por desvelar, nada es tan evidente como parece. Se diría que el tiempo se ha detenido en estos pequeños pueblos (7) ____________ como lágrimas esparcidas en el paisaje.

La Andalucía más rural ofrece al viajero la posibilidad de disfrutar de la naturaleza en toda su plenitud. La red de (8)____________ andaluces abarca 180 000 hectáreas de los más diversos paisajes.

Arte y paisaje, cultura y tradiciones compiten hoy en Andalucía con una oferta de ocio difícil de igualar.

La gastronomía y los (9)____________ constituyen el complemento perfecto a la diversión, elaboración y excelentes materias primas. La variedad es tan extensa como pueblos y ciudades hay en su geografía.

Se dice que los andaluces son personas abiertas, (10)____________ y que entienden muy bien la vida, pero sobre todo tienen una larga experiencia en acoger al visitante.

Sí, Andalucía es una tierra rica en contrastes.

B. Ahora, puedes ver el reportaje para comprobar si has hecho bien el ejercicio.

UN PÓSTER PARA ANDALUCÍA

A. En parejas. Trabajáis en una agencia de publicidad y la Consejería de Turismo de Andalucía os ha pedido un póster para promocionar la comunidad. Después de ver el reportaje, ¿cuál de estas imágenes os parece mejor?

1

Toros

2

Campo de olivos (Jaén)

3

Mezquita de Córdoba

4

Real Escuela Andaluza de Arte Ecuestre (Jerez)

5

Puerto Banús (Málaga)

6

Playa (Cádiz)

7

Laroles (Granada)

8

Virgen del Rocío (Huelva)

B. Presentad vuestra idea a la clase. No os olvidéis de pensar en un eslogan que invite a visitar la comunidad. ¿Cuál es la mejor propuesta?

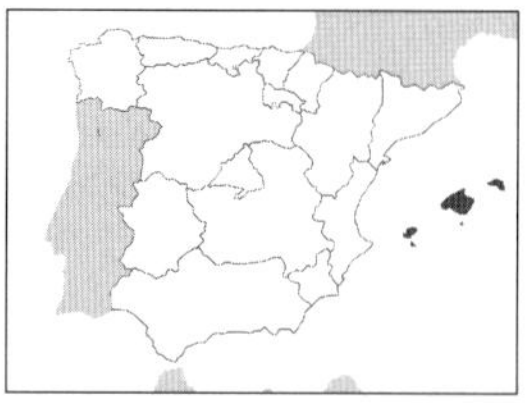

Baleares

DATOS DE INTERÉS

Provincias: Baleares, que comprende las islas de Mallorca, Menorca, Eivissa (Ibiza), Formentera y Cabrera.

Capital: Palma de Mallorca

Habitantes: 745 944

Superficie: 5014 km²

Gobierno autonómico: Govern de les Illes Balears.

Lenguas: español y catalán, en su variante balear.

Productos: ensaimada, sobrasada, "gin", bisutería, zapatos y productos textiles.

Sugerencias gastronómicas: "tumbet", plato con una capa de patatas bajo otra de berejenas, cubierto de salsa de tomate y pimiento; "ensaimada", bollo en forma de espiral a base de manteca de cerdo, normalmente con relleno de crema, cabello de ángel o nata y "coques", especie de *pizza* con carne, pescado o verdura.

Fiestas: el día 23 y 24 de junio en Ciutadella, Menorca, se celebra la fiesta de "Sant Joan", con más de seis siglos de antigüedad, en la que destaca una exhibición de juegos ecuestres de origen medieval.

Personajes: Ramón Lull, escritor del siglo XIII, autor de obras poéticas y tratados sobre mística y filosofía en latín y catalán, y Frédéric Chopin, pianista y compositor polaco del siglo XIX, residió una temporada en Valldemosa (Mallorca) junto a la escritora francesa George Sand.

COSAS DE BALEARES

Islas Baleares

Baleares está formada por tres grandes islas, (Mallorca, Menorca e Ibiza), dos pequeñas (Formentera y Cabrera) y varios islotes. Bañadas por el mar Mediterráneo, son, por su paisaje y su temperatura media anual de 17,6°C, uno de los principales destinos turísticos de España. La mayor riqueza que poseen es su entorno natural: la superficie protegida de las islas supera el 40% de su territorio y cuenta con 46 áreas naturales de especial interés. En estas islas milenarias se han encontrado construcciones prehistóricas que datan del megalítico como los talayots, taulas y navetas. Por su situación geográfica como encrucijada del Mediterráneo, en estas islas desembarcaron y se asentaron algunas de las civilizaciones más importantes de la antigüedad: griegos, cartagineses, romanos, árabes y turcos. En el siglo XIII, tras la conquista de las islas por Jaime I el Conquistador, pasaron a formar parte de la Corona de Aragón.

Talayots, taulas y navetas

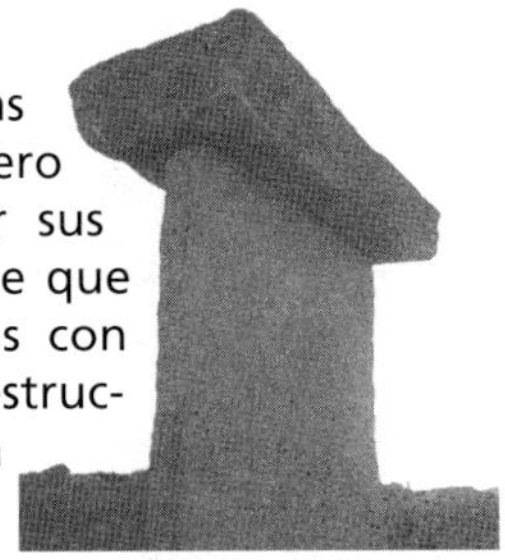

Hacia el año 1300 a.C. los pueblos talayóticos invadieron las islas y se asentaron en ellas. Esta cultura dejó un gran número de monumentos repartidos por las islas. Sorprenden por sus dimensiones y por su buen estado de conservación y se cree que eran construcciones funerarias o que estaban relacionadas con rituales y ceremonias de tipo religioso o guerrero. Las tres estructuras básicas son: **taulas**, dos losas colocadas una encima de la otra en forma de T, **talayots**, construcciones cuadradas o circulares y **navetas**, con forma de nave invertida.

Abraham Cresques

Durante los siglos XIII, XIV y XV, los talleres más importantes de Europa en los que se elaboraban las cartas náuticas estaban situados en Mallorca. Uno de los cartógrafos más conocidos era **Abraham Cresques**, autor del famoso *Atlas catalán* del año 1375.

Mallorca

Mallorca es la isla más grande, más poblada y con más afluencia turística de las Baleares. Hay gran variedad de paisajes: desde la Serra de Tramuntana con cumbres boscosas, hasta playas turísticas como las del Port de Sóller o Pollença. En la Serra de Tramuntana se encuentra la población de Valldemosa, famosa porque el compositor polaco Chopin pasó un invierno con la escritora francesa George Sand. Una vista desde lejos de la capital, Palma, ofrece una panorámica dominada por yates, palmeras y la catedral de fondo. Llamada "Sa Seo" por los mallorquines, la catedral es el edificio más significativo de la ciudad. Fue construida entre los siglos XIV y XIX y reconstruida por el emblemático arquitecto Gaudí, quien se encargó también de su interior. Otro de los símbolos de la ciudad es el Castillo de Bellver, fortaleza defensiva de estructura gótica que actualmente alberga un museo en su interior.

Cabrera

Islote situado a 18 km de Mallorca, nunca estuvo poblado. Ha sido declarado Parque Nacional y reúne plantas, reptiles poco comunes y otras especies curiosas como el halcón de Eleonor. En sus aguas, conocidas por su fauna y flora, es posible ver delfines cerca de la costa.

Menorca

Segunda isla en extensión de las Baleares, la isla sufrió sucesivas dominaciones que dejaron huellas en la arquitectura de muchas mansiones de Mahón (Maó), su capital, Ciudadela (Ciutadella) y otras poblaciones de los alrededores. Menorca es la isla balear que mejor ha protegido su paisaje: más del 40% del territorio está protegido y la Unesco la declaró en 1993 Reserva de la Biosfera. Lo más característico de la isla es su rico patrimonio arqueológico en monumentos prehistóricos de la edad de bronce: existen alrededor de 1600 yacimientos megalíticos. Destaca el asentamiento de Trepucó, situado cerca de Mahón, donde se hallan una taula y un talayot de gran importancia. En Ciudadela hay que resaltar la fiesta de Sant Joan, el 23 y 24 de junio, en la que se realizan juegos ecuestres de origen medieval.

Ibiza (Eivissa)

Declarada ciudad Patrimonio de la Humanidad por la Unesco en 1999, en esta isla se mezcla el cosmopolitismo con las tradiciones y raíces más ancestrales. En la ciudad de Ibiza es típica la arquitectura de casas blancas, construidas en la falda de la montaña. Destaca la gran cantidad de restos arqueológicos de las diferentes culturas que ocuparon la isla: fenicios, cartagineses, romanos, vándalos, bizantinos, árabes, normandos... A finales de los años cincuenta un gran número de artistas acudieron a **Ibiza** y junto con el movimiento hippy, que aún hoy en día inspira la moda y la artesanía del cuero y la bisutería, hicieron una aportación decisiva al cosmopolitismo de la isla. Asimismo, Ibiza es uno de los destinos preferidos por los amantes de la vida nocturna.

Formentera

Es la más alejada, pequeña y menos poblada de las islas Baleares. Accesible en barco sólo desde Ibiza, es un destino muy visitado por turistas que buscan tranquilidad y un contacto pleno con la naturaleza. En su vegetación predominan los matorrales y pinares, y en su paisaje, calas y antiguas salinas al borde de playas aisladas. La variedad de la fauna y flora de las profundidades marinas hace que muchos turistas practiquen el submarinismo. El baile y la música tradicionales son elementos que se mantienen todavía vivos. El denominado *ball pagès* no sólo es protagonista de exhibiciones sino también de las fiestas de la población.

PALABRAS

abarca: calzado con la suela de cuero o de caucho, que sólo cubre la planta del pie y se sujeta con correas o cuerdas. Las abarcas que se fabrican en Menorca reciben el nombre de "menorquinas".
ball pagès: baile tradicional de Formentera. *Pagès*, en catalán, significa "campesino".
cala: pequeña playa entre rocas.
coca: especie de *pizza* rellena de carne, pescado o verduras.
ensaimada: bollo en forma de espiral, hecho a base de manteca de cerdo.
gin: ginebra aromática de Menorca.
ibicenco/a: de Ibiza.
isla: porción de tierra rodeada de mar.
islote: isla pequeña.
mahonesa/mayonesa: salsa originaria de Mahón, a base de aceite y yema de huevo.
mallorquín/a: de Mallorca.
menorquín/a: de Menorca.
molino: construcción que abunda en las Baleares, con enormes astas que se mueven con la fuerza del viento.
naveta: monumento prehistórico en forma de nave invertida.
sobrasada: embutido típico de Mallorca, a base de carne de cerdo y pimentón.
talayot: monumento prehistórico en forma de torre, cuadrada o circular, de poca altura.
taula: monumento prehistórico en forma de T; formado por dos piedras, una en posición vertical y otra horizontal.
tumbet: plato típico de las Baleares, a base de verduras.

Más información en: www.caib.es

CUATRO ISLAS

A. ¿Sabes cómo se llaman las cuatro islas Baleares? Para averiguarlo sólo tienes que completar los cuadros con las vocales que faltan.

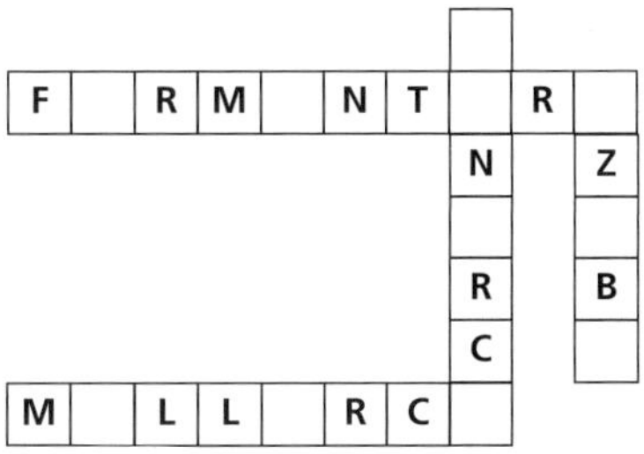

B. Aquí tienes una breve descripción de las cuatro islas. Completa los nombres. Después, relaciona las fotografías con cada una de las islas.

1

2

3

4

☐ **M_ll_rc_**

Es la isla más extensa de las Baleares y su capital es Palma. La ciudad tiene muchos lugares de interés: la Catedral, el Castillo de Bellver, el Paseo del Borne... En la isla hay paisajes maravillosos, desde playas y calas escondidas, a montañas y llanos con pueblos típicamente mediterráneos que todavía conservan sus tradiciones. Su rica gastronomía es el resultado de la mezcla de diferentes culturas: griegos, fenicios, romanos, germanos, árabes...

☐ **M_n_rc_**

En esta isla hay dos zonas muy diferenciadas, el Sur con playas blancas rodeadas de pinos y el Norte con una costa abrupta y rocosa. La capital de la isla es Mahón (Maó). Sus edificios mantienen el recuerdo de la presencia británica (siglo XVIII). Otra ciudad importante es Ciudadela (Ciutadella), más mediterránea que Mahón, de colores cálidos y rojizos. Una de sus fiestas más celebradas es la de Sant Joan, una impresionante exhibición de juegos con jinetes a caballo de origen medieval.

☐ **F_rm_nt_r_**

Con una extensión de unos 80 kilómetros cuadrados esta pequeña isla es el mejor lugar para los que buscan la tranquilidad. Es sólo accesible en barco desde Ibiza y, por esta razón, sus habitantes todavía conservan muchas de sus tradiciones, entre ellas su música, sus bailes, como el "ball pagés", o la ropa (especialmente entre la gente mayor).

☐ **_b_z_**

En catalán Eivissa. Con sus casas blancas y sus noches de fiesta, esta isla es, desde los años 60, el lugar que marca la moda de las generaciones más jóvenes. Son conocidas sus playas y su ambiente de alegría y libertad.

C. Ahora puedes dar un paseo por las islas Baleares.

¿CONOCES LAS ISLAS BALEARES?

A. ¿Has estado alguna vez en las islas Baleares? ¿En Mallorca, en Menorca, en Ibiza o Formentera? Si es así, ¿cuál fue tu impresión? Si no, ¿cómo te las imaginas? Comenta por escrito los siguientes aspectos:

B. Ahora vas a dar un paseo por las islas Baleares y podrás comprobar si coinciden tus impresiones o tus expectativas con la imagen que se da de las islas en el reportaje.

DE VACACIONES EN LAS ISLAS BALEARES

A. Imagina que estás de vacaciones en las islas Baleares. Es de noche y en el hotel escribes tus impresiones en tu diario de viaje. ¿Cómo has pasado el día? Antes, mira el reportaje y toma las notas que necesites.

B. Habla con tu compañero. ¿Habéis hecho cosas diferentes?

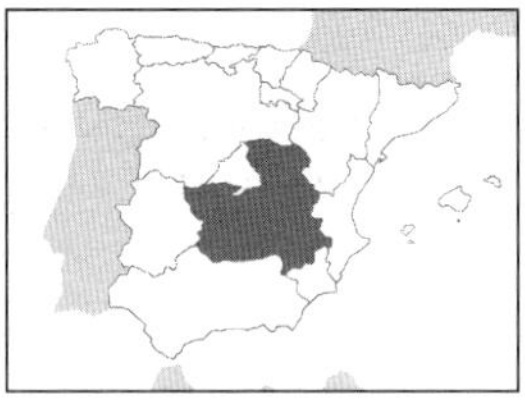

Castilla-La Mancha

DATOS DE INTERÉS

Provincias: Albacete, Ciudad Real, Cuenca, Guadalajara y Toledo.

Capital: Toledo

Habitantes: 1 651 833

Superficie: 79 226 km^2

Gobierno autonómico: Junta de Comunidades de Castilla-La Mancha.

Productos: queso manchego, ajo, azafrán, berenjena, miel, vino, navajas, muebles, damasquinados, cerámica de Talavera, encajes y bordados.

Sugerencias gastronómicas: "pisto manchego", plato a base de pimientos verdes, tomates, calabacín y cebolla, y "perdiz estofada", cocinada con vinagre, abundante cebolla, hierbas aromáticas, y servida con patatas al vapor.

Fiestas: "Corpus Christi" de Toledo, durante la procesión se saca la custodia (recipiente donde se guarda la hostia sagrada) de la catedral para hacer un recorrido por la ciudad; fiestas del "Corpus Christi" de Camuñas, en la que participan dos cofradías, los "danzantes" que encarnan las virtudes y los "pecados" que personifican el pecado.

Personajes: Pedro Almodóvar, conocido director de cine que ha ganado, entre otros muchos premios, un Óscar a la mejor película extranjera con *Todo sobre mi madre*; El Greco, pintor de origen griego que llegó a Toledo a mediados del siglo XVI. El Quijote, el protagonista de la obra maestra de la literatura española *El ingenioso hidalgo Don Quijote de La Mancha*, de Miguel de Cervantes.

COSAS DE CASTILLA-LA MANCHA

Castilla-La Mancha Situada en el centro de la Península y atravesada por el río Tajo, **Castilla-La Mancha** destaca por su paisaje en el que predominan los campos de color ocre con molinos, castillos y antiguos pueblos. Sus llanuras contienen la mayor extensión de viñedos del mundo. Fue tierra fronteriza con los árabes durante la Reconquista y, entre los siglos IX y XII, se construyeron gran cantidad de castillos y fortalezas. En Toledo se puede observar el fruto de siglos de convivencia de las culturas cristiana, árabe y judía, especialmente en su arquitectura.

Los molinos Los **molinos** de viento son un símbolo identificativo del paisaje castellano; su imagen es indisociable del episodio en el que don Quijote de la Mancha cree que lucha contra gigantes, cuando en realidad son molinos de viento. Algunos de los molinos repartidos por sus campos reciben el nombre de personajes de la novela, como "Sancho Panza".

Parques y reservas naturales Castilla-La Mancha posee numerosas **reservas naturales** con una variada flora y fauna salvaje como el Parque Nacional de Cabañeros, situado en los Montes de Toledo, que contiene una espléndida muestra del bosque mediterráneo ibérico; o las Tablas de Daimel, espacio natural que reúne gran cantidad de aves acuáticas y migratorias.

Palacio de los Duques del Infantado El palacio, de estilo gótico, fue construido a finales del siglo XV en Guadalajara. En él destaca la delicada decoración de la fachada principal y del patio.

Toledo **Toledo** fue, durante un largo periodo de tiempo, una encrucijada de las culturas cristiana, árabe y judía, y un importante centro cultural europeo: en la ciudad se instaló la Escuela de Traductores, en la que se traducían al latín textos literarios y científicos. Declarada Patrimonio Mundial de la Humanidad por la Unesco, en sus calles hay numerosas iglesias, mezquitas y sinagogas que reflejan la convivencia de las tres culturas. Entre los diversos monumentos arquitectónicos que alberga la ciudad, destaca la catedral, una de las mayores y más originales del gótico español que, entre otros muchos tesoros, contiene obras de El Greco, Goya o Van Dick. De estilo mudéjar son la sinagoga del Tránsito, del siglo XIV, donde hoy en día se aloja el Museo Sefardí, y la sinagoga de Santa María la Blanca, del siglo XII, con sus característicos arcos de herradura blancos y sus capiteles de piedra finamente tallada.

Cuenca

Cuenca ha sido declarada Patrimonio de la Humanidad por la Unesco por su conjunto histórico y paisajístico. Sus impresionantes "casas colgadas" son edificios del siglo XIV con balconadas de madera situados sobre un desfiladero. Una de las más conocidas, la "Casa del Rey", alberga en su interior el museo de Arte Abstracto que contiene una de las mejores colecciones de arte abstracto de España con obras de Tàpies, Chillida y Fernando Zóbel, entre otros. Junto al casco antiguo de la ciudad se encuentra la catedral, construida entre el siglo XII y el XVI, en la que destacan el altar mayor y las capillas.

El Doncel de Sigüenza En la catedral de Sigüenza se encuentra la estatua erigida sobre el sepulcro de Martín Vázquez de Arce, **El Doncel**, paje de la reina Isabel la Católica. Es especialmente notable por su realismo y su peculiar postura.

Almagro El mayor atractivo de esta ciudad situada en la provincia de Ciudad Real es su plaza porticada de piedra. Al lado se encuentra el corral de Comedias, el único escenario de teatro que se conserva del Siglo de Oro (XVI y XVII), donde actualmente se celebra en verano el Festival Internacional de Teatro Clásico.

Queso manchego La fabricación y consumo del **queso manchego** se remonta a siglos antes de Cristo. Es el fruto de un clima duro y extremado y se produce, exclusivamente, en las provincias de Castilla-La Mancha, a partir de la leche de la oveja manchega. Se elabora siguiendo un método tradicional o industrial.

Artesanía Castilla-La Mancha tiene una antigua tradición artesanal. De especial renombre son la cerámica de la localidad de Talavera de la Reina, las navajas de Albacete, los encajes de bolillos de Almagro (piezas de hilo) o el damasquinado de Toledo, cuya técnica consiste en incrustar oro o plata sobre otros metales como el cobre, el hierro o el acero.

Fiestas del Corpus Christi Fiesta religiosa que se celebra durante el Corpus, el sexto día después de la resurrección de Cristo, en el que se conmemora la transformación del pan y el vino en el cuerpo y la sangre de Cristo. Durante la fiesta, se saca en procesión la custodia, recipiente sagrado donde se guarda la hostia que representa el cuerpo de Jesucristo.
En Toledo, para la procesión de la custodia, se adornan calles, paredes y balcones con flores, banderas y tapices. En Camuñas dos cofradías celebran las **fiestas del Corpus**, los "danzantes" que encarnan las virtudes y los "pecados" que personifican el pecado. Durante la celebración de la Eucaristía los "pecados" permanecen delante de la puerta de la iglesia, rascando el suelo con sus palos y gritando. Los "danzantes", por su parte, llevan la custodia en procesión y participan en la misa; al acabar, interpretan una danza ante el altar.

Economía En los últimos años, Castilla-La Mancha ha experimentado un crecimiento económico superior al de la media nacional. Este progreso se debe, en gran parte, a la repercusión del sector agrario e industrial sobre la economía.

Vinos Castilla-La Mancha dedica cerca de 70 000 hectáreas del territorio al cultivo de la vid; supone casi la mitad de la superficie que España destina a este producto. La capital de la región vinícola de Castilla-La Mancha es Valdepeñas, donde hay la mayor extensión de viñedos del mundo. Entre sus **vinos** más famosos se encuentran los de Valdepeñas, Almansa y los vinos de la Tierra de Castilla.

PALABRAS

bolillo: palito redondeado que se usa para hacer encajes.
castellano/a: de Castilla.
castillo: edificio fortificado que se construía para protegerse del enemigo, propio de la Edad Media.
cerámica: arte de fabricar platos, vasijas y otros objetos de barro o porcelana, etc.
damasquinado: técnica que consiste en incrustar oro o plata sobre otros metales como el cobre, el hierro o el acero.
llanura: terreno llano, normalmente de gran extensión.
manchego/a: de La Mancha.
molino: edificio en el que hay una máquina que sirve para moler. Los molinos de viento utilizan la energía generada por el viento.
mudéjar: estilo arquitectónico de los siglos XIII al XVI, que se caracteriza por conservar elementos del arte cristiano junto con ornamentación árabe.
navaja: cuchillo cuya hoja se dobla sobre el mango.
sefardí: judío nacido en España.
sinagoga: lugar destinado al culto sagrado de los judíos.
viñedo: terreno plantado con vides, planta de la uva.

Más información en: www.jccm.es/turismo/turismo.htm

PAISAJES MANCHEGOS

A. Vas a ver un reportaje sobre la comunidad de Castilla-La Mancha. ¿En qué orden aparecen estas imágenes?

A Cada verano se celebra en el Corral de Comedias de ALmagro, construido a finales del siglo XVI y comienzos del XVII, el Festival Internacional de Teatro Clásico.

B Uno de los atractivos de la ciudad de Cuenca son sus "casas colgadas."

C En el antiguo barrio judío de Toledo se conservan dos sinagogas. La más antigua, hoy llamada de Santa María la Blanca, es una construcción de finales del siglo XII.

D Una imagen típica de La Mancha son los molinos de viento. Algunos de los más famosos son los de Campo de Criptana, en la provincia de Ciudad Real.

E La naturaleza y la fauna de Castilla-La Mancha es muy variada. Existen numerosos parques y reservas naturales semidesconocidos. Su fauna cuenta con más de 200 especies, entre ellas el águila imperial ibérica.

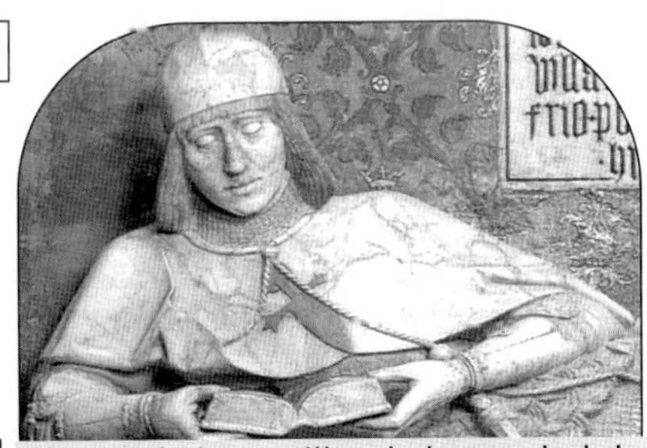

F En una de las capillas de la catedral de Sigüenza (Guadalajara) se encuentra el sepulcro de Martín Vázquez de Arce, El Doncel, paje de la reina Isabel la Católica.

B. Ahora, compara tus resultados con los de tu compañero. ¿Qué te parece la comunidad de Castilla-La Mancha?

CASTILLOS Y MOLINOS

A. Lee el texto sobre Castilla-La Mancha. Después de ver el reportaje sobre esta comunidad, subraya en el texto las cosas que aparecen en el vídeo.

Castillos y molinos

Cervantes inmortalizó el paisaje castellano, lleno de molinos y castillos, con Don Quijote, el personaje literario más conocido internacionalmente.

La Comunidad de Castilla-La Mancha fue durante la Reconquista, tierra fronteriza con los árabes. Muchos de los castillos que se encuentran en esta región y que fueron construidos en los siglos XIV y XV marcaban los límites entre los reinos de Castilla y Aragón.

Toledo, capital y centro del imperio español en tiempos de Carlos V, conserva un patrimonio artístico y arquitectónico incomparable. Destacan sus iglesias, mezquitas y sinagogas, herencia de la convivencia de tres culturas: judía, cristiana y musulmana.

La ciudad de Cuenca es conocida por sus "casas colgadas" al borde de las rocosas paredes que se alzan entre los ríos Júcar y Huécar. Una de ellas alberga el conocido museo de Arte Abstracto.

En las inmensas llanuras manchegas, de tierra color ocre y cielos de un azul intenso, se expande la mayor extensión de viñedos del mundo. Entre sus vinos más famosos se encuentran los de Valdepeñas, Almansa y los Vinos de la Tierra de Castilla.

Otro de los encantos de esta comunidad es la belleza de sus parques y reservas naturales, espacios que ofrecen interesantes excursiones a lugares como las Tablas de Daimiel, La Alcarria y la Sierra de Alcaraz.

B. ¿Qué otras cosas recuerdas del reportaje? Coméntalo con tu compañero.

TRES MUSEOS

A. Si estuvieras en Castilla- La Mancha y sólo pudieras visitar uno de estos tres museos, ¿cuál elegirías?

Museo de Arte Abstracto Español (Cuenca)

Contenido: pintura abstracta española de los años 50.

En Cuenca, la ciudad de las "casas colgadas", se encuentra el museo de Arte Abstracto Español. Es uno de los museos de pintura contemporánea más importantes de España. Se abrió al público en el año 1966 y en él se expone una selecta muestra de la generación abstracta de los años 50: Canogar, Feito, Guerrero, Millares, Palazuelo, Saura, Sempose, Tàpies, Torner, Zóbel y los escultores Chillida, Chirino, Oteiza, Serrano... Posteriormente, se ha ido incrementando la colección con obras de las últimas tendencias abstractas y de los artistas más jóvenes.

Museo Sefardí (Toledo)

Contenido: arte Judío, arquitectura y documentos.

El museo ocupa el local del Convento de Caballeros de Calatrava, anexo a la sinagoga llamada de El Tránsito. Mandada construir en 1357 por Samuel-ha-Levi (tesorero de Pedro I de Castilla), es un bello ejemplar de arte mudéjar. En su interior muestra un enorme salón de oración en el que destaca la perfecta fusión de elementos decorativos de las tres culturas: ornamentos hebreos e islámicos conviven con decoraciones geométricas y vegetales típicamente musulmanas, y con motivos florales y heráldicos propios del gótico. El museo se compone de cinco salas que muestran aspectos históricos, religiosos y costumbristas del pasado judío en España.

Museo-Casa de Dulcinea (El Toboso, Toledo)

Contenido: objetos populares de la época del Quijote.

Es un típica casa manchega de labranza que por tradición pasa por ser la de doña Ana Zarco, a quien algunos identifican con Dulcinea, el gran amor de don Quijote en la novela. Por este motivo fue adquirida por el Estado y en 1967 inaugurada como museo. La casa, provista de portada señorial, contiene útiles de empleo cotidiano en la vida manchega tradicional: cerámica, cestería, hierros y utensilios de cocina, de labranza y mobiliario del siglo XVII, época del Quijote.

B. ¿Puedes reconocer alguno de estos museos en el reportaje?

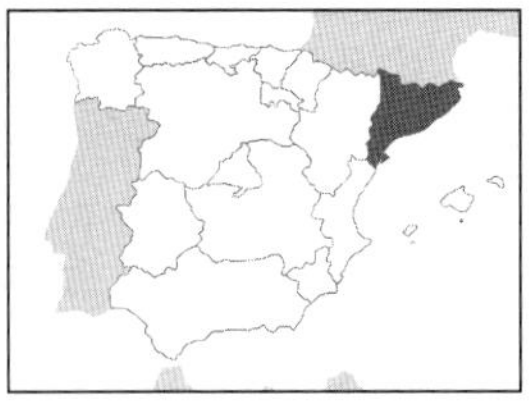

Cataluña

DATOS DE INTERÉS

Provincias: Barcelona, Girona, Lérida (Lleida) y Tarragona.

Capital: Barcelona

Habitantes: 6 115 579

Superficie: 31 930 km^2

Gobierno autonómico: Generalitat de Catalunya.

Lenguas: castellano y catalán.

Productos: vino, cava, pescado, fruta (pera limonera, melocotón, manzana...), ropa, fuet, productos químicos...

Sugerencias gastronómicas: "pa amb tomàquet", pan untado con tomate, sal y aceite de oliva, y "crema catalana", natilla a base de leche, huevo, harina, canela, piel de limón y azúcar, y una capa de azúcar quemada.

Fiestas: "la Patum", se celebra en Berga (Barcelona) entre mayo y junio. Durante la fiesta se hace un *correfoc*, desfile con elementos pirotécnicos (tracas, bengalas, petardos, antorchas...) en el que gigantes, *diables* y monstruos de cartón-piedra, entre ellos la *Patum*, recorren las calles de la localidad.

Personajes: Pau Casals, compositor, director de orquesta y violonchelista que compuso, entre otras piezas el *Himno de las Naciones Unidas*, y Gaudí, famoso arquitecto modernista catalán.

COSAS DE CATALUÑA

Cataluña

Limita al norte con el macizo montañoso de los Pirineos y al este con el mar Mediterráneo. **Cataluña** recoge en su territorio una gran diversidad de pueblos y paisajes: iglesias románicas en los Pirineos, monumentos romanos en Tarragona, viñedos en el Penedés, árboles frutales en la provincia de Lérida, etc. Cataluña posee, además, un sector industrial muy importante, debido a que, a finales del siglo XIX y principios del siglo XX, la industrialización convirtió a Barcelona en una de las ciudades más activas de Europa.

Pirineos

Cordillera que sirve de frontera natural entre Francia y España; en los **Pirineos** catalanes destacan el Valle de Arán y el Valle de Bohí, donde se concentran iglesias románicas de gran valor, como la de Sant Climent de Taüll, y albergan algunas de las mejores estaciones de esquí de España, como la de Baqueira-Beret.

Montserrat

Situado en la provincia de Barcelona, **Montserrat** es un macizo montañoso constituido por rocas de granito con extrañas formas redondeadas. Aquí se encuentra el monasterio más venerado por los catalanes, el de la Virgen de Montserrat, patrona de Cataluña.

Artistas

Algunos de los artistas españoles contemporáneos más importantes han nacido o han desarrollado su carrera artística en Cataluña: **Picasso, Miró, Dalí, Pau Casals, Gaudí**... En Barcelona se puede visitar el Museo Picasso, que contiene numerosas obras del artista, y la Fundación Miró, donde hay una colección permanente de grabados, cuadros, esculturas y tapices de Joan Miró. En Figueres se encuentra el Teatro-Museo Dalí, fundado por el propio Dalí en 1974, que alberga una colección de algunas de sus obras y recoge obras de otros artistas.

Gaudí y el modernismo

A finales del siglo XIX y principios del XX nació en Europa un nuevo movimiento cultural que recibió diferentes nombres según el país. "Modernstyle" en Inglaterra, "Art Noveau" en Francia y Bélgica, "**Modernismo**" en España, etc. Su lema principal era romper con el pasado y buscar ideas y formas nuevas. En Cataluña los máximos representantes fueron Santiago Rusiñol y Ramón Casas, en pintura, y Josep Puig y Cadafalch, Lluís Domènech y Antoni **Gaudí**, en arquitectura. Gaudí, el arquitecto catalán más universal, ha dejado en Barcelona la huella de su obra en edificios como la Pedrera, la Casa Batlló, el parque Güell o la Sagrada Familia, catedral de inspiración gótica y símbolo de modernidad, que, a pesar de estar inacabada, es uno de los lugares más visitados por los turistas.

Tarragona

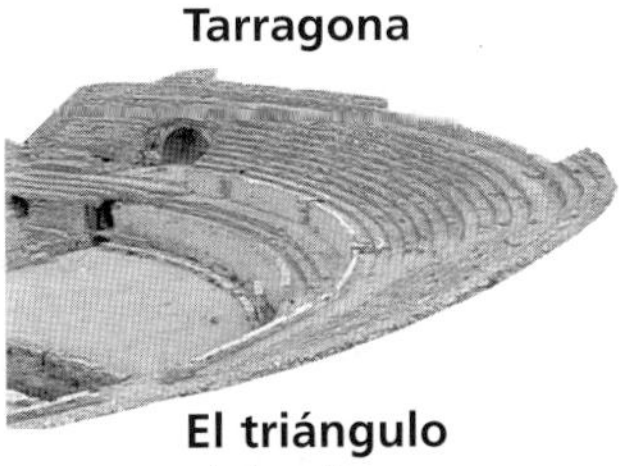

"Tarraco" fue la primera fundación romana fuera de Italia y de las grandes islas del Mediterráneo; los romanos la escogieron como base para conquistar la Península. La ciudad actual conserva muchos monumentos de su pasado romano como el anfiteatro, el Arco de Barà o el acueducto. La provincia de **Tarragona**, especialmente la comarca del Penedés, es una importante región vinícola donde se produce el cava, uno de los primeros productos de exportación de Cataluña.

El triángulo cisterciense

En la provincia de Tarragona se encuentran tres monasterios de la orden religiosa cisterciense que durante la Edad Media fueron importantes centros culturales y artísticos: **Poblet,** que fue el primero y el más importante de los tres, **Santes Creus** y **Vallbona de les Monges**.

Lérida (Lleida)

Esta ciudad es la capital de la única provincia interior de Cataluña, basa su economía en el sector agroalimentario y posee una rica huerta especializada en frutales. En el punto más alto de **Lérida** se alza La Seu Vella, una catedral contruida entre los siglos XII y XV.

Girona

La ciudad de **Girona** está bañada por el río Onyar, desde el cual se pueden ver los edificios pintados en colores ocres y rojizos. Detrás se encuentra el barrio judío, uno de los núcleos culturales judíos más importantes en la Edad Media.

Costa Brava

Comprende la costa mediterránea de la provincia de Gerona y recibe su nombre por su paisaje de trazado salvaje, de gran belleza natural, con acantilados y pequeñas calas. Una de las poblaciones más interesantes es Cadaqués, un pequeño pueblo pesquero que, diversos artistas como Dalí, Picasso o Lorca pusieron de moda y que aún hoy en día conserva su ambiente bohemio.

Barcelona

Barcelona es una ciudad industrial y a la vez un importante centro cultural que cuenta con numerosos museos, teatros y salas de conciertos. Abierta constantemente al cambio, es una de las ciudades más cosmopolitas de España. En el corazón de la ciudad se encuentran las Ramblas, un paseo arbolado en el que concurren personas de todas las edades y países. Al lado está el Barrio Gótico, en el que se hallan algunas instituciones catalanas como el Palau de la Generalitat, el Ayuntamiento de Barcelona o construcciones tan emblemáticas como la Catedral gótica o la Basílica de Santa María del Mar.

Sitges

Esta población es el primer centro turístico de la provincia de Barcelona. Fue foco de importantes manifestaciones artísticas durante la época modernista. Actualmente, acoge numerosos festivales de cine y de teatro.

Fiestas

Muchas localidades de Cataluña conservan tradiciones de origen muy antiguo, que se celebran durante las festividades. En las comarcas de Tarragona es costumbre levantar *castells*, torres humanas: los *castellers* se suben unos a hombros de otros en un intento de construir una torre de diversos pisos. Otra de las costumbres más arraigadas en las **fiestas** es la de los desfiles de *gegants* (gigantes) y *capgrossos* (cabezudos), muñecos de grandes dimensiones hechos de cartón que bailan movidos por una persona que los dirige desde su interior.
En la cultura mediterránea existen muchas fiestas que giran en torno al fuego, una de las más populares en Cataluña son los *correfocs*. Los protagonistas son los *diables* (diablos), que persiguen y asustan a la gente con tracas, petardos, antorchas... Suelen acompañarlos personajes extraídos de bestiarios medievales (dragones), que cierran la fiesta con un espectáculo de fuego y color.

PALABRAS

capgròs: (cabezudo) figura de las fiestas populares que tiene una cabeza de cartón muy grande.
castell: torre humana que se suele realizar en diversas celebraciones catalanas como fiestas populares o actos institucionales.
catalán/a: de Cataluña.
cava: vino espumoso, originario de Cataluña.
correfoc: fiesta cuyos protagonistas son los dragones y *diables* que persiguen a la gente y los asustan con petardos, antorchas y tracas.
gegant: (gigante) muñeco de cartón, de grandes dimensiones, que desfila durante las fiestas.
masía: casa de campo tradicional.
modernismo: movimiento artístico de finales del siglo XIX y principios del XX que adquirió, en Cataluña, rasgos propios.
rambla: avenida ancha y con árboles, con un andén central; normalmente es un canal natural por donde baja el agua de la lluvia.
sardana: baile y música tradicional de Cataluña, se suele bailar durante los actos festivos en alguna plaza.

Más información en: http://www.gencat.es/turisme

CATALUÑA Y BARCELONA

A. ¿Qué sabes sobre Cataluña? ¿Y sobre Barcelona? Coméntalo con tu compañero. Después elaborad una lista de las cosas que sabe toda la clase.

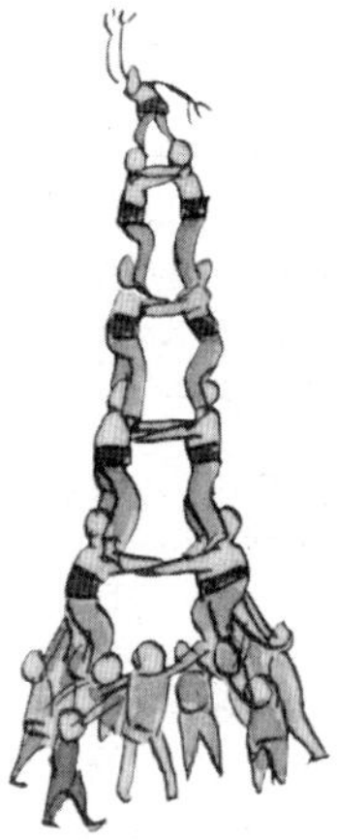

B. ¿Aparecen algunas de las cosas de vuestra lista en el reportaje sobre Cataluña?

EN BARCELONA

A. Estás en Barcelona y sólo tienes tiempo de visitar uno de estos lugares. ¿Cuál eliges?

Barcelona

Las Ramblas

La avenida más conocida de Barcelona está repleta de vida las 24 horas del día. Es un lugar perfecto para pasear entre quioscos de prensa, puestos de pájaros y flores, cartomantes, músicos, pintores... Entre sus edificios destacan el Gran Teatre del Liceu, templo de la ópera de la ciudad, y el espectacular mercado de La Boquería.

La Fundació Joan Miró

En este museo diseñado por un amigo arquitecto del pintor, Josep Lluís Sert, se muestra una colección permanente de grabados, cuadros, esculturas y tapices donados por el propio artista. Joan Miró inventó un estilo artístico propio, de colores y formas fantásticas.

La Sagrada Familia

El edificio más conocido del famoso arquitecto Gaudí y verdadero símbolo de la ciudad de Barcelona, se empezó a construir en 1882 y sus obras continúan hoy en día. Es una iglesia que destaca por el simbolismo de sus formas y por su originalidad.

B. Ahora, puedes ver el reportaje para descubrir otras cosas de Barcelona y de Cataluña.

UN TEXTO PARA CATALUÑA

A. El reportaje de Cataluña sólo tiene música. Escribe un texto que invite a visitar esta comunidad. Aquí tienes un ejemplo que te puede servir como modelo. Cámbialo, añade cosas, busca tú mismo más información si quieres...

CATALUÑA

En Cataluña encontrará una gran variedad de paisajes y de vegetación. ¿Le gusta la alta montaña? Entonces haga un excursión a los valles de los Pirineos, una zona con elevadas cumbres, prados, bosques de abetos y lagos de aguas cristalinas. Si va en invierno, podrá disfrutar de las instalaciones deportivas y turísticas de las estaciones de esquí.

¿Prefiere los parajes de media altura? Puede visitar el parque de la montaña de Montserrat, una increíble formación geológica con rocas de formas caprichosas, o el de la zona volcánica de la Garrotxa, donde verá volcanes extinguidos cubiertos de vegetación; o el del macizo del Montseny, que ha sido declarado reserva de la biosfera por la Unesco.

Entre todos estos paisajes de hayas, robles y pinos verá la variedad de cultivos que el hombre en Cataluña ha explotado desde su masía, la casa de campo tradicional que ha constituido durante siglos un pequeño mundo agrícola donde ha sabido conjugar las nuevas técnicas de agricultura con las tradicionales.

¿Le gusta el mar? Si recorre la Costa Brava, le sorprenderán las costas abruptas batidas por las olas, las calas cerradas por rocas e islotes donde los pinos luchan por conseguir un lugar donde fijar sus raíces. Más al sur, en la Costa del Maresme y la Costa Daurada, podrá disfrutar de playas largas y soleadas. Además, al sur de Tarragona, en el Delta del Ebro, una extensa llanura de tierra y agua, encontrará una de las reservas de aves migratorias más importantes de Europa.

Entre la montaña y la costa verá, tierra adentro, la abundancia de los trigales, las viñas y los olivares, junto a las nuevas plantaciones de frutales.

¿Le interesan las fiestas populares? En Cataluña los pueblos y ciudades tienen, cada año, sus días de fiesta mayor. En las comarcas de Tarragona se pueden admirar los *castellers*, espectaculares torres humanas. En la ciudad de Berga (Barcelona) se celebra la *Patum*, una fiesta donde se mezclan raíces paganas y cristianas, con sus dragones y demonios que lanzan fuego y petardos. La víspera de San Juan (23 de junio) se celebra con música en la calle, fuegos, cohetes y el tradicional cava hasta el amanecer. En todas la fiestas de Cataluña verá desfilar y bailar a gigantes y cabezudos.

¿Le gustan las ciudades? En Cataluña puede visitar las bellas ciudades de Girona, Tarragona, Lérida (Lleida), Vic, Manresa, Tortosa, Reus..., pero no puede dejar de visitar Barcelona, la capital de Cataluña. En esta ciudad mediterránea podrá hacer un recorrido por Barcino, la antigua ciudad romana, que se encuentra inmersa en

Sitges

las calles y los monumentos medievales de su Barrio Gótico. Desde allí podrá acercarse al barrio de la Ribera, donde se halla el Museu Picasso y la maravillosa iglesia gótica de Santa María del Mar, así como el parque de la Ciutadella o el Zoológico, donde podrá conocer a "Copito de Nieve", el único gorila blanco del mundo.

No se olvide de dar un paseo por una avenida única en el mundo: las famosas Ramblas. Llegue hasta el puerto y disfrute de sus espacios lúdicos hasta llegar a las playas de la Barceloneta o de la Villa Olímpica.

En el siglo XIX Barcelona vivió una etapa de crecimiento, fruto de la industrialización. En esa época se construyó una nueva zona, el Eixample, donde tendrá ocasión de admirar las casas modernistas, muchas de ellas construidas por el famoso arquitecto Antoni Gaudí, como la Pedrera o la casa Batlló. Si usted es un enamorado del modernismo, no puede dejar de visitar la Sagrada Familia, el Parque Güell o el Palau de la Música.

En la montaña de Montjuïc, a orillas del mar, hallará entre jardines interesantes museos como la Fundació Miró o el Museu Nacional d'Art de Catalunya (MNAC) que alberga una importante muestra de arte románico, y las grandes instalaciones olímpicas que sirvieron de marco para los Juegos Olímpicos que se celebraron en 1992. Durante todo el año, Barcelona es una ciudad llena de vida, con una intensa actividad cultural, comercial y deportiva: conciertos, ópera, teatro, exposiciones, buenos restaurantes, ferias internacionales...

Barcelona y Cataluña esperan su visita.

Girona

B. ¿Quién ha escrito el mejor texto? Si queréis, podéis grabarlo y escucharlo mientras veis el reportaje otra vez.

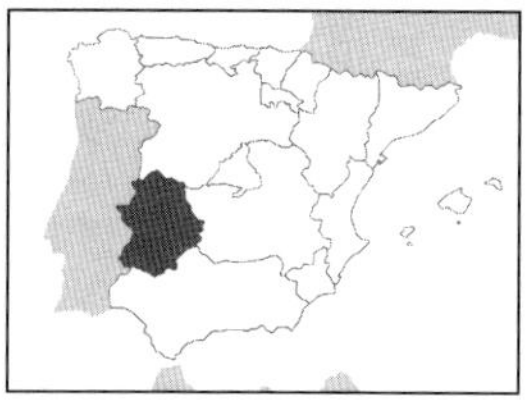

Extremadura

DATOS DE INTERÉS

Provincias: Badajoz y Cáceres.

Capital: Mérida (Badajoz).

Habitantes: 1 056 538

Superficie: 41 602 Km^2

Gobierno autonómico: Junta de Extremadura.

Productos: trigo, aceite de oliva, hortalizas, algodón, girasol, cerezas, miel, queso, jamón ibérico, tabaco y corcho.

Sugerencias gastronómicas: el "frite", cordero frito con ajos y cebolla, sazonado con pimentón; las "migas", sabroso guiso hecho a base de miga de pan.

Fiestas: los "Empalaos", se celebra en Valverde de la Vera (Cáceres), en Jueves Santo; un grupo de penitentes salen en procesión por las calles de la localidad con los brazos en cruz atados a un madero. También es famosa la fiesta de "Jarramplas" que se celebra en Piornal (Cáceres) a finales de enero. "Jarramplas" es un personaje vestido con un traje de muchos colores que toca el tambor por las calles mientras los asistentes le tiran una lluvia de nabos.

Personajes: Francisco de Zurbarán, uno de los grandes pintores del Barroco español; y Francisco Pizarro, conquistador del Perú.

COSAS DE EXTREMADURA

Extremadura

Extremadura recibe este nombre porque durante la Reconquista (siglos VIII al XV) estaba situada "en los extremos", es decir, "en la frontera" de los reinos cristianos y los árabes. Aquí se asentaron los romanos que convirtieron Mérida, su capital, en una de las diez ciudades más importantes del Imperio; también los árabes dejaron huella en su historia y su arquitectura, especialmente en Cáceres. La llegada de los españoles a América en el siglo XVI tuvo una enorme repercusión económica para esta región, como puede apreciarse en los palacios y grandes mansiones que se construyeron en Cáceres, Trujillo y Guadalupe con la riqueza proveniente del Nuevo Mundo.

Mérida

Llamada por los romanos "Augusta Emérita", de donde proviene su nombre actual, fue la capital de la antigua provincia romana de Lusitania. De aquella época conserva, entre otros monumentos, dos acueductos, un museo de arte romano y uno de los anfiteatros mejor conservados del mundo, donde cada verano se celebra el Festival de Teatro de **Mérida**. En la actualidad, es capital de la Comunidad de Extremadura, y su conjunto arqueológico ha sido declarado Patrimonio de la Humanidad por la Unesco.

Cáceres

Cáceres conserva gran cantidad de monumentos de distintas épocas y ha sido declarada Patrimonio de la Humanidad por la Unesco: palacios renacentistas, murallas árabes, iglesias góticas o el barrio judío se encuentran en esta ciudad. La iglesia de San Francisco Javier, del siglo XV, destaca por sus dos torres blancas y por su atractivo claustro renacentista, también blanco.

Plasencia

En esta ciudad amurallada es especialmente conocido el antiguo mercado que data del siglo XII y que se celebra en la Plaza Mayor. La panorámica de la ciudad muestra la silueta de sus dos catedrales, la "vieja", de estilo románico, y la "nueva", gótico-plateresca.

Monasterio de Yuste

Situado en Cuacos del Yuste (Cáceres), en este sencillo monasterio sobresalen sus claustros góticos y platerescos, y un austero palacio al que Carlos I de España y V de Alemania se retiró los dos últimos años de su vida.

Monasterio de Tentudia

El **monasterio de Tentudia** está situado en lo alto de las montañas de Sierra Morena, cerca de Andalucía. Fue fundado en el siglo XIII y destaca por su claustro mudéjar y sus azulejos sevillanos.

Monasterio de Guadalupe

Conjunto arquitectónico declarado Patrimonio de la Humanidad, en el siglo XVI contaba con escuelas de gramática, hospitales, una farmacia y una biblioteca. El monasterio es un destino importante de peregrinaje para fieles católicos porque en él se encuentra la Virgen de **Guadalupe**. Sobresalen su sacristía, de estilo barroco, que ha sido considerada como la Capilla Sixtina española por sus retratos de monjes que cubren los muros, pintados por Zurbarán, y el claustro de estilo mudéjar, del siglo XV, con dos pisos de arcos de herradura.

Olivenza

Es una ciudad amurallada, que fue enclave portugués hasta 1801. Posee un castillo medieval y varias iglesias, como la de Santa María Magdalena, famosa por sus columnas en espiral, de estilo manuelino.

Trujillo

Ciudad monumental, fue una fortaleza árabe que defendió la villa del avance de las tropas cristianas durante la Reconquista. Aquí nacieron posteriormente algunos de los hombres que colonizaron América, como Francisco

Pizarro, conquistador de Perú. Entre los numerosos monumentos que conserva Trujillo destacan las murallas, el castillo, una famosa plaza Mayor porticada y también palacios como el del marqués de la Conquista, financiado con las riquezas procedentes del Nuevo Mundo.

Badajoz

Ciudad moderna que conserva restos de su antiguo esplendor, como la "alcazaba", fortaleza árabe con murallas para la defensa, y una catedral medieval, famosa por los mosaicos del claustro. Destacan también sus multitudinarios Carnavales, en los que se hacen desfiles por las calles principales de la ciudad y que finalizan con el clásico entierro de la Sardina.

Parques naturales

Uno de los grandes atractivos de Extremadura son sus espacios naturales, en los que abundan bosques de alcornoques y encinas. En el Parque Nacional de Monfragüe habitan especies en peligro de extinción, como el buitre leonado y la cigüeña negra. Esta ave migratoria construye nidos tan grandes y pesados que, cuando están sobre tejados y chimeneas, deben colocarse soportes en los edificios para evitar que se derrumben.

Carantoñas

Estas fiestas se celebran en Aceúche (Cáceres), a finales de enero, el día de San Sebastián. Los **carantoñas** son unos personajes ancestrales que cubren sus cuerpos con pieles y máscaras terroríficas, que representan a una bestia feroz que no pudo hacer daño a San Sebastián. Después de la *alborá* (serenata que se canta al amanecer para despertar a los carantoñas), salen en procesión, acompañados por la gente del pueblo, que viste sus trajes regionales.

Encamisá

Fiesta que se celebra en Navalvillar de Pela (Badajoz) en enero, por San Antón, para conmemorar la salvación del pueblo frente a un ataque árabe de la época medieval. Como sucedió en aquel episodio, los jinetes, vestidos con camisa blanca y pañuelo rojo atado al cuello, realizan carreras de caballos entre hogueras.

Jerez de los Caballeros

Jerez es una de las ciudades más pintorescas de Extremadura y en ella nació Vasco Núñez de Balboa, descubridor del Pacífico. Conserva un famoso castillo en el que, en 1312, numerosos caballeros de la Orden de los Templarios fueron ejecutados en la llamada "Torre Sangrienta".

PALABRAS

balneario: edificio con baños de aguas medicinales.
cereza: fruta roja, pequeña y redonda, de piel lisa y pulpa jugosa.
cigüeña: ave migratoria de grandes dimensiones, largo pico y largas patas, que construye sus nidos con palos y ramas, sobre tejados y torres altas.
dehesa: terreno cercado con vallas y dedicado a pastos para el ganado.
extremeño/a: de Extremadura.
girasol: planta con una flor amarilla muy grande que "gira" para estar de cara al sol. Sus semillas son comestibles y se utilizan para hacer aceite.
máscara: figura que representa el rostro de una persona, animal o ser imaginario con la que una persona se cubre la cara durante alguna fiesta, ritual o representación escénica.
monasterio: casa o convento donde viven los monjes en comunidad.
mortero: recipiente de piedra, madera o metal que sirve para machacar o reducir a polvo semillas o especias. En algunas fiestas, se utiliza también como instrumento de percusión.
penitencia: castigo que una persona se impone a sí misma por motivos religiosos.
promesa: imposición, normalmente religiosa, por la que alguien se obliga a sí mismo a hacer algo.
termalismo: conjunto de instalaciones que utilizan aguas termales (de manantial) con fines terapéuticos.

Más información en: http://www.turismoextremadura.com

ASPECTOS DE EXTREMADURA

A. Vas a ver un reportaje sobre Extremadura. ¿Qué es lo que te parece más interesante? Completa el cuadro. Puntúa del 1 al 10 cada uno de estos aspectos.

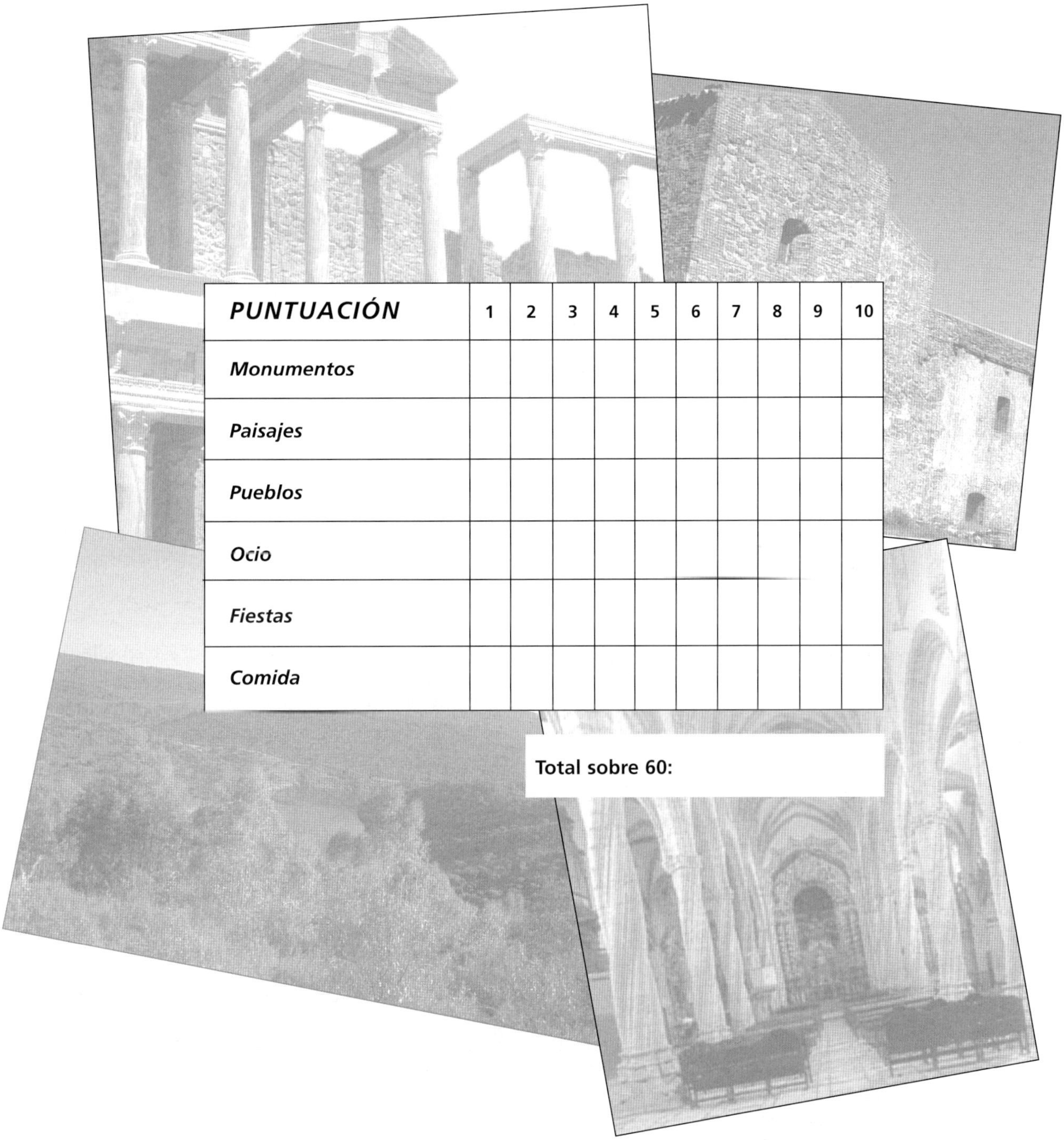

PUNTUACIÓN	1	2	3	4	5	6	7	8	9	10
Monumentos										
Paisajes										
Pueblos										
Ocio										
Fiestas										
Comida										

Total sobre 60:

B. ¿Qué puntuación le das a Extremadura?

TRES ESTACIONES

A. En el reportaje sobre Extremadura recomiendan tres estaciones del año para visitar la comunidad. ¿Qué se puede hacer en Extremadura en cada una de estas tres estaciones?

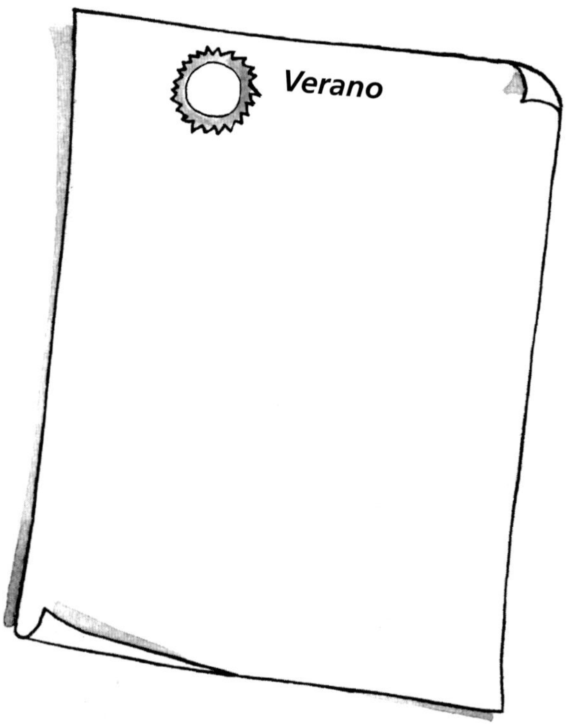

B. ¿En qué estación del año te gustaría visitar Extremadura? ¿Por qué?

¡EXTREMADURA GUARDA EL SECRETO!

A. Este es el texto que acompaña el reportaje sobre Extremadura. ¿Puedes ordenarlo?

[1] A. Extremadura es noticia, los viajeros inquietos y quienes mejor entienden los mensajes del silencio comienzan ya a desvelar los secretos de una tierra llena de matices.

La historia se hace eco en Plasencia, en los monasterios de Yuste, de Tentudia, de Guadalupe, Patrimonio de la Humanidad, que lo es también Mérida, la capital del espíritu romano, la huella árabe en Cáceres, el Renacimiento en Olivenza, la suma de siglos en Trujillo y el aroma de Badajoz: arte e historia conjugadas en presente.

La otra cara espléndida de Extremadura son sus recursos naturales y un inagotable abanico de propuestas para el tiempo de ocio.

[ ] 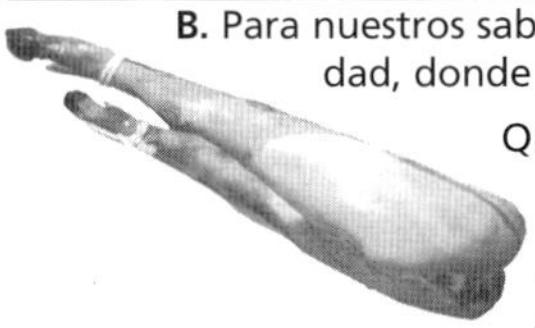

B. Para nuestros sabores no pasa el tiempo, en un panorama gastronómico marcado por la diversidad y la calidad, donde es posible recrearse con los mismos platos que siglos atrás probasen extremeños y viajeros.

Quienes conocen bien esta tierra saben que guarda celosamente el secreto de lo auténtico, las novedades acuñadas durante milenios de tradición y una envidiable armonía entre sus gentes y la naturaleza. En ella se representa el gran teatro del tiempo, el misterio de lo que existió y deja huella, el éxito de un marco natural aún radiante. Si es su deseo disfrutar del origen y anticiparse al porvenir, Extremadura es su secreto.

[ ] C. Extremadura adopta el paso de la naturaleza, su secreto es la paciencia y su rasgo más peculiar la diversidad de sus espacios naturales, a lo largo de un territorio lleno de contrastes y colores. La luz no deja de brillar, creando un álbum de agua al norte de su geografía, pródiga al sur en infinitas dehesas como océanos de sol. Extremadura vive una madura juventud, corren las voces y cada vez son más quienes se sienten atraídos por un nuevo estilo de viaje, por una manera más personal de acercarse a emociones auténticas y sencillas.

Extremadura ofrece el espíritu abierto de sus lugares, la calma al margen del tiempo de sus calles antiguas, los siglos intactos heredados de la Antigüedad, el espectáculo de la naturaleza desde dentro mismo de su escenario para ser testigos de las últimas islas de la perfección. La posibilidad de abrirse paso entre las venerables columnas de la Antigüedad y los más espectaculares espacios destinados a su recuerdo.

Cualquier época del año es buena para disfrutar de la estancia en nuestra comunidad.

[ ] D. Con la llegada del otoño, Extremadura recupera el tono dorado y los nuevos colores acuden puntuales a la cita. El tiempo se disfruta con menos prisa, parece abundar más para que haya oportunidad de saborear todos los rincones, para que se rinda el sol y brote con naturalidad la fiesta. Y Extremadura, en fiestas, es el delirio: las noches de santos y fuego, las madrugadas de alboradas, los días de promesas y procesiones, los desfiles de máscaras sencillas y sofisticadas, de pasión y penitencias, los secretos más íntimos de un pueblo sentimental.

Y si la acción despierta el apetito, es esta tierra, como no, de contrastes gastronómicos, donde las materias primas siguen patrones centenarios. Las recetas se basan en el respeto y cariño hacia su herencia, y el resto lo pone la naturaleza.

[ ] 

E. En primavera la floración del cerezo es el anticipo de un tiempo de iluminación que se aprovecha junto a las corrientes de agua, lugares priviligiados para ejercitarse en pacientes pasatiempos deportivos, como la pesca. Las calles se llenan de color con el renacimiento de la tradición popular, de los bailes al sol que conservan todo el tipismo de cada comarca.

Reflejos de jovialidad que dan paso al verano donde se acumula la oferta lúdica y cultural, los festivales y espectáculos teatrales a la luz de la luna, en la red de los universales escenarios de la región. El verano es del color rojo de la renacida cereza y del transparente de las aguas.

Entre los atractivos turísticos de Extremadura, el termalismo goza de unas singulares propiedades que brindan un placentero reencuentro con la medicina natural. Algunos balnearios extremeños añaden un notable arqueológico a sus propiedades termales que procuran la cura, la prevención, el descanso y la tonificación para todas las edades.

B. Ahora puedes ver el reportaje para comprobar si lo has hecho bien.

4'37"

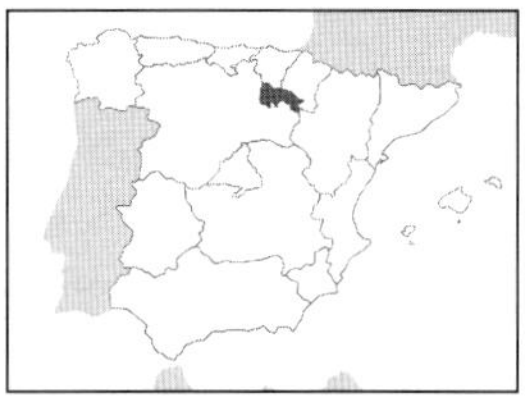

La Rioja

DATOS DE INTERÉS

Provincias: Logroño

Capital: Logroño

Habitantes: 267 943

Superficie: 5034 km^2

Gobierno autonómico: Gobierno de La Rioja.

Productos: chorizo, vino, borrajas, caracoles, espárragos, pimientos, alcachofas, champiñones, melocotones, peras, manzanas, uvas...

Sugerencias gastronómicas: "patatas a la riojana", plato a base de patatas, pimiento choricero, pimiento verde, cebolla, costilla de cerdo, chorizo y aceite de oliva; y los "mazapanes de Soto", dulces rellenos de almendras y azúcar hechos al horno.

Fiestas: "Danza de los zancos", se celebra en Anguiano el 22 de julio y a finales de septiembre; durante la fiesta ocho jóvenes bajan bailando una cuesta peligrosa con unos zancos de madera de 45 cm que terminan en punta; y, "Fiestas de la Vendimia", que se celebra el 21 de septiembre, por San Mateo, en Logroño, tiene lugar el pisado de la uva y se ofrece el primer mosto a la Virgen patrona de La Rioja.

Personajes: Gonzalo de Berceo, primer poeta no anónimo en castellano (s. XIII) y uno de los representantes de la escuela del Mester de Clerecía: en su obra trató temas religiosos y vidas de santos y, Rafael Azcona, famoso guionista de películas como *El verdugo*.

COSAS DE LA RIOJA

La Rioja

La Rioja recibe su nombre del paso del río Oja por su territorio y está situada al norte de la Península, al margen del río Ebro. A pesar de ser la comunidad más pequeña de la Península, posee una gran variedad de paisajes, flora y fauna. Es además una región fértil, en la que se elaboran los famosos vinos de Rioja y otros productos de la huerta. El paso del Camino de Santiago por esta tierra supuso un fenómeno determinante para su desarrollo cultural; de esta época se conservan importantes monasterios, como el de San Millán de Yuso, en el que se encuentra el manuscrito más antiguo escrito en romance, castellano antiguo.

Paisajes

La Rioja destaca por su variedad de espacios naturales. En la parte occidental, llamada "Rioja Alta", predominan los campos de viñedos y un clima atlántico de suaves temperaturas. En cambio, la zona oriental, denominada "Rioja Baja", es mucho más llana y está cubierta por extensas huertas, junto a la ribera del Ebro y de sus afluentes. Al suroeste, el paisaje se vuelve agreste, especialmente en la Reserva Nacional de Cameros, donde habitan especies protegidas de aves rapaces.

Lugares

La Rioja es una región con una importante herencia artística y cultural que cuenta con un gran número de iglesias, monasterios y castillos. Una de las principales fuentes de su legado arquitectónico lo constituye el Camino de Santiago, cuyo paso influyó en la construcción de hospitales, puentes y calzadas para los peregrinos. El camino de Santiago entra en esta comunidad por Logroño, la capital de La Rioja. La huella romana es especialmente visible en Calahorra, en la que se conserva el foro, el circo y las termas romanas. Existen también numerosos yacimientos de la época cretácica, en los que se pueden encontrar huellas y otros restos fósiles de dinosaurios, antiguos habitantes de esta región.

Camino de Santiago

Itinerario Cultural Europeo y Patrimonio de la Humanidad, es el camino que recorren los peregrinos desde diversas procedencias hasta llegar a Santiago de Compostela (Galicia), lugar donde están enterrados los restos del apóstol. Junto con Jerusalén y Roma, fue uno de los tres grandes destinos del peregrinaje cristiano durante la Edad Media. Por Logroño pasan dos rutas del camino: la llamada "Camino Francés", que desciende del Pirineo, y la ruta del "Camino del Ebro", que proviene del Mediterráneo siguiendo la antigua calzada romana.

Logroño

Capital de La Rioja, esta ciudad está situada junto al río Ebro, en una fértil llanura en la que se cultivan hortalizas y frutas de calidad. Los peregrinos del Camino de Santiago entraban en la región de La Rioja por **Logroño**, después de atravesar el río por un puente de piedra. En la ciudad todavía se conservan restos del camino como el Puente de Piedra, la Fuente de los peregrinos o la iglesia de Santiago la Real. Otros monumentos destacables de la ciudad, situados en el casco antiguo, son la catedral, con sus torres gemelas, y la torre piramidal de Santa María del Palacio.

Calahorra

Numerosas civilizaciones (celtíberos, romanos, árabes...) dejaron un importante legado arquitectónico en la ciudad de **Calahorra**, una de las más antiguas de La Rioja. Entre los monumentos más importantes destacan el circo, el foro, las termas y baños romanos, y la catedral, de estilo gótico, reconocible por su campanario de planta cuadrada.

Santo Domingo de la Calzada

En el Camino de Santiago, a orillas del río Oja, se encuentra esta histórica ciudad en la que destacan su catedral y una muralla del siglo XIV. Le debe su nombre a **Santo Domingo**, santo del siglo XI que hizo construir puentes y calzadas para los peregrinos, y un hospital para atender a los viajeros enfermos.

Monasterio de Santa María la Real de Nájera

En Nájera, capital de Navarra y La Rioja hasta 1076, se alza este monasterio donde se hallan los sepulcros de reyes e infantes de los antiguos reinos de

Castilla, León y Navarra. Fue fundado en el siglo XI y restaurado en estilo gótico y renacentista en el siglo XV. Su irregular estructura muestra diferentes fases constructivas y algunos de sus elementos más sobresalientes son la iglesia y el claustro. En la iglesia destaca el coro y el Panteón Real, con las estatuas de los reyes; de especial importancia es el sarcófago románico de Doña Blanca de Navarra. El claustro es una de las joyas de la arquitectura riojana, del que caben destacar sus arcos con diferentes composiciones sostenidos por tres columnas.

San Millán de la Cogolla

Esta aldea, declarada Patrimonio de la Humanidad, ha crecido en torno a sus dos monasterios. Sobre una colina se alza el **Monasterio de San Millán de Suso** ("suso", en castellano antiguo significa "arriba"), un edificio del siglo XI con rasgos mozárabes y románicos parcialmente excavado en la roca. Aquí se halla la tumba de Gonzalo de Berceo, el primer poeta no anónimo que escribió en castellano (en el siglo XIII). En el año 1053, los monjes se instalaron en el valle, en el **Monasterio de San Millán de Yuso** ("yuso" significa en castellano antiguo "abajo"). En él está enterrado San Millán y se conserva la lápida romana que representa al santo tumbado. Durante la Edad Media fue un importante foco cultural y concentraba gran parte del trabajo intelectual de España. En él se encuentran valiosísimos manuscritos medievales, como un facsímil de las *Glosas Emilianenses*, el primer texto escrito en romance (castellano antiguo) que se conoce. Las *Glosas* son comentarios a una obra de San Agustín, escritos en el siglo X por un monje anónimo.

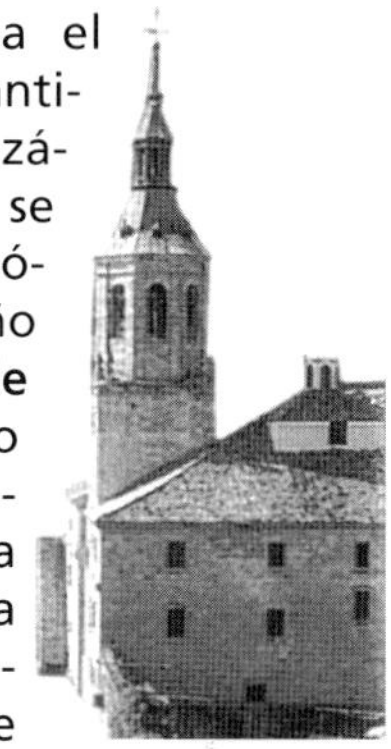

Ruta de los dinosauros

Hace 120 millones de años, durante el período Cretácico, La Rioja era una región poblada por dinosaurios. El conjunto de los yacimientos riojanos es el más importante de España y uno de los más relevantes de Europa: pueden encontrarse una gran cantidad de huellas fósiles de **dinosauros**, denominadas técnicamente icnitas. Las huellas tridáctilas (de tres dedos), las más comunes, pertenecen a dinosaurios bípedos (que caminan sobre dos patas). Algunos de los yacimientos con más renombre son el de Valdemurillo, Valdecevillo y Los Cayos, donde existen cientos de huellas de distintas especies de dinosaurios.

Fiestas

La Rioja es una región con **fiestas** diferentes e incomparables, en las que se entremezclan religión, historia y tradiciones rurales, fuertemente arraigadas, relacionadas con la agricultura y los ciclos de la cosecha. Algunas de las más conocidas son las Fiestas de la Vendimia, en Logroño y la Danza de los zancos, en Anguiano.

Fiesta de la Vendimia

Se celebra en Logroño el 21 de septiembre, día de San Mateo. En "El Espolón", la plaza central de la ciudad, se pisa la uva y se ofrece el primer mosto a la Virgen de Valvanera, patrona de La Rioja. Durante la fiesta se pueden ver corridas de toros o el desfile de carrozas, y degustar vinos y productos de la huerta.

Fiesta de Santa Ana

En la localidad de Cervera del Río Alhama se celebra el día 26 de julio la fiesta de Santa Ana. Durante las fiestas, se baila "La Gaita", una danza de más de cuatro siglos de antigüedad, en la que los participantes, vestidos con trajes regionales, bailan entrecruzádose.

Danza de los zancos

Esta danza se celebra en Anguiano dos veces al año: el 22 de julio, fiesta de la patrona de la localidad, María Magdalena, y en septiembre, cuando la imagen de la santa se devuelve a su ermita. Ocho jóvenes se suben sobre unos zancos de haya de 45 cm, sujetados a la pierna con una horquilla, y se lanzan por una cuesta desde la iglesia, girando vertiginosamente. Los giros son un bello espectáculo, que se acentúa con el colorido de los trajes. La **Danza de los zancos** existe sólo en Anguiano y las primeras referencias escritas a esta celebración datan del siglo XVIII. No se sabe exactamente su origen, aunque se cree que tiene que ver con un ritual pastoril: en La Rioja los ganaderos utilizaban los zancos para recorrer las zonas húmedas, atravesar prados encharcados y también en la época de nevadas.

Productos de la tierra

La Rioja es una gran huerta natural de **productos** que crecen en las riberas del Ebro y de sus afluentes. Aquí se cultivan, junto a los distintos tipos de uva, gran cantidad de hortalizas, como alcachofas, cardos, berzas, pimientos, espárragos y una coliflor particularmente blanca, que constituyen la base de su cocina.

El vino

La Rioja es la región vinícola más prestigiosa de España. Aquí, el **vino** es el resultado de una tradición de más de siete siglos y de su situación privilegiada en el valle del Ebro. A comienzos de otoño empieza la época de la vendimia, aunque en la zona de La Rioja Baja empieza antes debido a sus condiciones climáticas. La uva se corta con una hoz pequeña denominada "corquete" y se deposita en cestos. Después, se lleva hasta las bodegas donde comienza el proceso de elaboración del vino.

Existen siete variedades con Denominación de Origen, cuatro en tintos y tres en blancos. Sus excelentes vinos tintos, elaborados con uva "tempranillo", "garnacha", "mazuelo" y "graciano" y con un característico sabor a vainilla, se crían primero en barricas de roble y luego en botellas, donde termina su proceso de envejecimiento. Según la calidad y el tiempo que hayan permanecido en unas y otras, se clasifican en: Crianza (vinos de hasta tres años que han estado al menos un año en una barrica), Reserva (vinos seleccionados de hasta tres años que han permanecido al menos un año en barrica) y Gran Reserva (vinos de grandes cosechas con al menos dos años en barrica y tres en botella).

Gastronomía

La cocina de La Rioja es muy diversa y está basada en la riqueza de sus propios productos. Si tradicionalmente se distinguía entre la cocina de la sierra y la de la ribera, en la actualidad la cocina riojana conjuga los dos estilos. De la sierra

provienen los platos con carne y chorizo, como las "patatas a la riojana" (patatas con chorizo) o el cordero, cocinado de diversas maneras. Y de la ribera, los platos, de estilo más elaborado, con productos de la huerta, como la "menestra de verduras", los "pimientos rellenos" con salsa de tomate o los entrantes con espárragos. De postre, la huerta riojana ofrece melocotones, peras, fresas, cerezas y otras frutas. En cuanto a la pastelería -en estas tierras llamada "golmajería"-, destacan los "rollos" de crema y los famosos "mazapanes de Soto", dulces rellenos de almendra, horneados a fuego lento.

PALABRAS

barrica: tonel de madera en el que envejece el vino.
berzas: col.
bodega: lugar fresco donde se guarda el vino.
borraja: planta de flores azuladas, dispuestas en forma de racimo, que se usa para hacer infusiones.
cigüeña: ave migratoria de cuello y pico largos, que construye nidos enormes sobre torres, campanarios y árboles elevados.
corquete: hoz pequeña que se usa para desprender los racimos durante la vendimia.
cosecha: año en que se recoge la uva para hacer el vino (cosecha de 1986, de 2000).
Crianza: vino de hasta tres años que ha permanecido al menos un año en una barrica.
icnita: huella fósil de dinosaurio.
golmajería: nombre que recibe la "pastelería" en La Rioja.
Gran Reserva: vino de grandes cosechas que ha permanecido al menos dos años en barrica y tres en botella.
manuscrito: libro escrito a mano.
mosto: zumo de la uva, exprimido antes de fermentar y convertirse en vino.
mozárabe: arte de los cristianos que habitaban en tierras musulmanas.
racimo: conjunto de granos de uva unidos a un mismo tallo.
Reserva: vino seleccionado de hasta tres años que ha estado al menos un año en barrica.
romance: castellano antiguo, derivado del latín vulgar.
tinto: vino de color rojo oscuro.
vendimia: recolección de la uva; normalmente se hace en septiembre.
yacimiento: lugar donde se hallan rocas, minerales o restos arqueológicos o paleontológicos (por ejemplo, de dinosaurios).
zancos: palos altos con horquillas que se atan a los pies. Se usan para andar sin mojarse por zonas donde hay agua o para hacer juegos de agilidad o equilibrismo.

Más información en: http://www.larioja.com/turismo

BREVE VISITA A LA RIOJA

A. Vas a hacer una breve visita a la comunidad de La Rioja. Escribe una frase en cada uno de estos apartados. Te servirá para poder comentar con tu compañero cómo es esta región.

Lugares

Paisajes

Fiestas

Productos de la tierra

Gastronomía

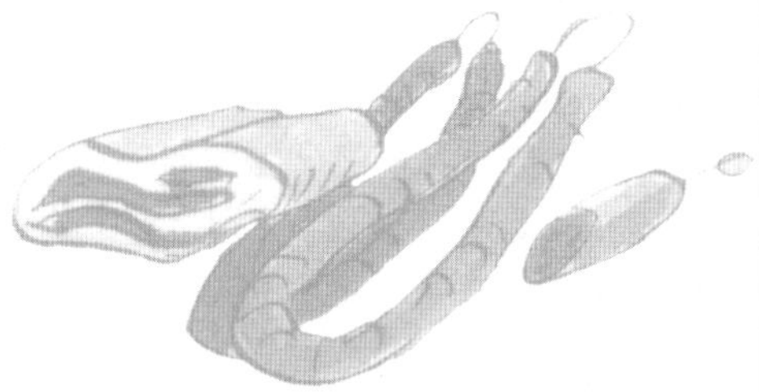

B. A continuación, comenta con tu compañero cómo es La Rioja.

DE FIESTA

A. En La Rioja se celebran muchas fiestas populares. De estas cuatro ¿en cuál de ellas te gustaría participar?

DANZA DE LOS ZANCOS

En La Rioja muchos ganaderos han utilizado los zancos para poder recorrer las zonas húmedas, atravesar los prados encharcados y también en época de nevadas.
La Danza de los Zancos se puede admirar cada año en Anguiano, en ocasión de las fiestas de su patrona María Magdalena y el último fin de semana de septiembre, cuando la imagen de la santa es devuelta a la ermita donde residirá durante el invierno. Su origen no está claro y las primeras referencias escritas sobre esta danza datan del siglo XVIII. La bailan ocho jóvenes subidos en zancos de madera de haya. Tienen una altura de 45 cm. y terminan en punta.
Los danzantes acompañan a la procesión y realizan una peligrosa danza lanzándose por la cuesta que baja de la iglesia a la plaza, girando vertiginosamente y creando un bello espectáculo.

FIESTAS DE SANTA ANA

Cervera del Río Alhama celebra sus fiestas patronales el día de Santa Ana (24 de julio). Este día se baila "La Gaita", una danza ritual con más de 400 años de antigüedad, en la que dos filas de jóvenes se entrecruzan corriendo y componen figuras simbólicas mientras van gritando: ¡Viva Santa Ana! en honor a la patrona.

FIESTAS DE LA VENDIMIA

El 21 de septiembre, día de San Mateo, se celebra en Logroño, capital de La Rioja, la fiesta de la Vendimia. En la plaza de "El Espolón" se pisa la uva y se ofrece el primer mosto a la Virgen de Valvanera, patrona de La Rioja.
San Mateo es la fiesta de la gastronomía riojana, donde se puede degustar, además de sus vinos, sus productos típicos entre música y bailes. En estas fiestas se celebran también importantes corridas de toros.

LA BATALLA DEL VINO

En Haro, capital del vino de La Rioja se celebra cada 29 de junio, día de San Pedro, la Batalla del Vino. El origen de esta fiesta es un antiguo conflicto territorial entre Miranda de Ebro (Burgos) y la localidad riojana de Haro por la posesión de Bilibio, lugar desde el que se inició la Reconquista. Para no perder su dominio sobre estas tierras, los vecinos de Haro deben acudir cada año a este lugar.
En la ermita se celebra la misa y después del almuerzo empieza la batalla. En ella se utilizan los envases y depósitos más variados y, los asistentes, se arrojan miles de litros de vino. El color de las ropas se va volviendo granate debido a las cantidades de vino que tiñen las prendas.

B. Ahora mira el vídeo y observa otros aspectos interesantes de la región. ¿Cuál de estas cuatro fiestas no aparece en el reportaje sobre La Rioja?

VINOS DE LA RIOJA

A. Junto con tu compañero vais a organizar una comida "a la española". Decidid primero cuál va a ser vuestro menú.

B. Habéis decidido acompañar vuestra cena con vinos de La Rioja. ¿Sabéis qué vinos vais a ofrecer a vuestros invitados? Este texto os puede ayudar.

LA COMIDA Y EL VINO

ALGUNAS REGLAS PARA COMBINAR VINOS Y PLATOS

- *El vino rosado combina bien con arroces, verduras, pastas, pescados y carnes blancas.*
- *Los blancos secos armonizan muy bien con mariscos, pescados y quesos frescos.*
- *Los tintos ligeros, acompañan muy bien a fiambres, pastas, carnes blancas y quesos semi-curados.*
- *Los tintos con cuerpo, son perfectos para carnes rojas, potajes, caza y quesos curados.*
- *Si sólo tomamos un vino en la comida debemos elegirlo en función del plato principal.*
- *El vino que se haya utilizado para la elaboración de un plato, será el más indicado para acompañarle en la comida.*

EL ARTE DE SERVIR VINOS

El modo de servir un vino en una comida es muy importante para el sabor del plato y para el del vino. Debe servirse en un cierto orden:

- *Los vinos secos antes que los vinos dulces.*
- *Los vinos blancos antes que los tintos.*
- *Los vinos jóvenes antes que los más viejos.*
- *Los vinos ligeros antes que los de mayor cuerpo.*

C. Ahora podéis dar un paseo por La Rioja, la región española más conocida por sus vinos.

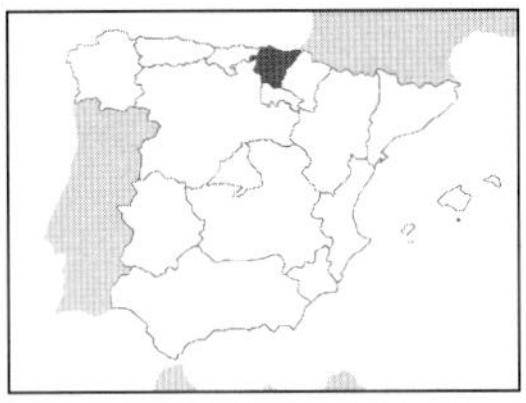

País Vasco

DATOS DE INTERÉS

Provincias: Álava, su capital es Vitoria (Gasteiz); Guipúzcoa, su capital es San Sebastián (Donostia), y Vizcaya, cuya capital es Bilbao (Bilbo).

Capital: Vitoria (Gasteiz).

Habitantes: 2 100 838

Superficie: 7234 km^2

Gobierno autonómico: Gobierno Vasco (Eusko Jaurlaritza).

Lenguas: castellano y euskera (vasco).

Productos: merluza, bacalao, besugo, bonito, carnes, alubias; vino, en especial el *txakoli*, y sidra.

Sugerencias gastronómicas: "merluza a la salsa verde", a base de merluza cortada en rodajas, almejas, caldo de pescado, ajo, harina, aceite, cebolla y perejil; y "pintxos" pequeñas raciones de comida que se suelen servir sobre una rebanada de pan, destacan por la originalidad de sus mezclas y la variedad de sus sabores.

Fiestas: "Tamborrada", se celebra el 19 y 20 de enero en San Sebastián; es un desfile de unas 50 compañías uniformadas que redoblan los tambores al son de la música. Fiestas de la Virgen Blanca, en Vitoria, cuyo protagonista es "Celedón", el muñeco que inaugura la fiesta al ser deslizado desde la iglesia hasta el interior de una casa de donde sale un hombre vestido como él, que simboliza el inicio de la diversión.

Personajes: Karlos Arguiñano, famoso cocinero bilbaíno, presentador de numerosos programas de televisión sobre cocina y escritor de diversos libros. Eduardo Chillida, reconocido escultor nacido en San Sebastián que utiliza el hierro, la madera, el mármol o el granito, etc. como materiales para crear sus esculturas abstractas.

COSAS DEL PAÍS VASCO

País Vasco

El **País Vasco** es una región que reúne las costumbres y tradiciones más antiguas con un moderno desarrollo industrial. Es una de las comunidades con mayor actividad industrial, pesquera y comercial de España. Su paisaje presenta acusados contrastes entre los núcleos urbanos e industriales asentados en los valles, las zonas verdes montañosas repletas de caseríos y la zona costera, con playas, calas abruptas y pequeñas poblaciones. Entre las tradiciones más arraigadas de esta comunidad destacan su elaborada gastronomía y los deportes rurales.

Bilbao (Bilbo)

La capital de Vizcaya es el centro industrial y la mayor ciudad del País Vasco, y el principal puerto comercial de España. Alrededor de su ría se concentra toda la industria y también el famoso museo de arte contemporáneo construido con titanio, piedra y cristal, el Museo Guggenheim. A su lado se encuentra el Palacio Euskalduna, un gran complejo que alberga el Auditorio, el Centro de Congresos y la Sede de la Orquesta Sinfónica de Bilbao. Otro de los elementos emblemáticos del Bilbao moderno es el metro, obra del arquitecto Norman Foster.

San Sebastián (Donostia)

Ciudad situada alrededor de una bahía en forma de concha, con sus conocidas playas de La Concha y Ondarreta, es especialmente conocida por su belleza y por su variada agenda cultural. Algunos de sus atractivos son el Palacio de Congresos Kursaal, diseñado por Rafael Moneo, un conjunto arquitectónico formado por dos edificos de cristal en forma de cubo que acogen un auditorio, una sala de congresos, un centro comercial, etc. y el Aquarium, en el que destaca el Oceanario, un acuario de 40 m que se recorre por el interior de un túnel transparente. En el casco antiguo de la ciudad se puede visitar el Museo San Telmo, donde se exponen cuadros de artistas como Zuloaga o el Greco, o ir de tapas por los múltiples bares repartidos entre sus callejuelas.

Fuenterrabía (Hondarribia)

Localidad de Guipúzcoa, famosa por su barrio de pescadores, la Marina, con casas de balcones pintados de colores llamativos y repletos de flores; en los portales, bajo los balcones, se suceden numerosos bares y terrazas.

Vitoria (Gasteiz)

Capital del País Vasco, **Vitoria** es la sede de las principales instituciones vascas como el Gobierno Vasco y el Parlamento. En su bien conservado casco viejo destaca la Catedral, y la Plaza de la Virgen Blanca (patrona de Vitoria), centro neurálgico de la ciudad. Alrededor se concentran calles comerciales tradicionales y una zona de bares. Vitoria es, además, un modelo de desarrollo urbanístico ya que cuenta con numerosas zonas verdes.

Festivales

De entre los múltiples acontecimientos culturales que se celebran en el País Vasco cada año, son especialmente famosos el Festival Internacional de Cine de San Sebastián y los festivales internacionales de jazz de Vitoria y San Sebastián. En Portugalete, Vizcaya, se celebra el Festival de Folclore Internacional donde participan grupos de música y danza de todo el mundo. Cabe también mencionar el festival de ópera, en Bilbao, y el de teatro, en Vitoria.

Guernica (Gernika)

Esta localidad vizcaína posee un gran valor simbólico para los vascos. Durante siglos, se reunían, bajo un roble, las juntas que gobernaban las villas de Vizcaya para decidir asuntos comunes. El 26 de abril de 1937, día de mercado, la localidad de Guernica fue bombardeada por el ejército nazi y murieron más de dos mil personas. En la actualidad, lo que queda de aquel roble se encuentra en un templete, junto al cual se plantó un nuevo roble delante de la actual Casa de Juntas.

Camino de Santiago

El **Camino de Santiago**, camino que recorren los peregrinos desde diversas procedencias hasta llegar a Santiago; en el País Vasco pasa por sus tres provincias y existen dos rutas: el Camino de la Costa y el Camino del Interior.

Fiestas

Las fiestas patronales en las ciudades del País Vasco reciben el nombre de **Semana Grande** y se celebran durante el mes de agosto. En San Sebastián se celebran en torno a la festividad del 15 de agosto y destacan los fuegos artificiales que tienen lugar en la bahía de la Concha. En Vitoria se denominan Fiestas de la Blanca, en honor a la Virgen de las Nieves, patrona de la ciudad y se celebran durante la primera semana de Agosto.

Deportes

La mayoría de los deportes rurales del País Vasco son una evolución de antiguos oficios (campesinos, pescadores, etc.) o modos de vida tradicionales. Entre los más extendidos están las regatas de **traineras**, cuya tripulación está formada por trece remeros y el patrón, el **aizkora**, que consiste en cortar con hacha una serie de troncos, dispuestos en fila, en el menor tiempo posible, y el **harriketa**, levantamiento de piedras cuyo peso supera en ocasiones los 300 kg. Otro deporte de fuerte arraigo en el País Vasco es la **pelota vasca**. Presenta diferentes modalidades según el tipo de pelota, la cancha de juego o la manera de golpear (las más comunes son mano, pala o cesta, un instrumento por el que resbala la pelota antes de lanzarla). Pueden enfrentarse dos jugadores o dos parejas de jugadores y su objetivo es tirar la pelota, normalmente contra una pared llamada "frontón", y el adversario o equipo tiene que devolverla sin que haya botado más de una vez en el suelo.

Cocina vasca

La gastronomía vasca, considerada una de las mejores del mundo, tiene como base en productos del mar, vegetales y carnes de alta calidad, que se preparan de manera natural, tradicional o con recetas de la "nueva cocina vasca". Esta última, siguiendo la línea de otras cocinas modernas, es una cocina de mercado que se basa en los alimentos frescos propios de la estación.
En el País Vasco tienen gran arraigo las denominadas "sociedades gastronómicas", instituciones formadas únicamente por hombres que se reúnen para preparar platos basados en una cuidadosa cocina vasca tradicional. Otro elemento emblemático de la cocina vasca son los *pintxos*, pequeñas raciones de comida, que se pueden tomar en la mayoría de bares del País Vasco y que se pueden acompañar con un *txakoli*, un *txikito* o un *zurito*.

PALABRAS

aizkora: deporte cuyo objetivo consiste en cortar una hilera de troncos en el menor tiempo posible.
caserío: casa típica vasca de las zonas rurales, normalmente hecha de piedra.
euskera: lengua vasca.
harriketa: deporte que consiste en levantar piedras, que muchas veces superan los 300 kilos.
pintxo: pequeña ración de comida que destaca por la originalidad de sus mezclas y la variedad de sus sabores.
regata: competición deportiva en que un grupo de embarcaciones debe realizar un recorrido en el menor tiempo posible.
sidra: bebida alcohólica de baja gradación que se obtiene de la fermentación del zumo de las manzanas.
trainera: embarcación a remo con capacidad para trece personas, se utiliza en las regatas.
txakoli: vino joven, fresco y afrutado que se produce en el País Vasco, principalmente en Zarautz y Getaria, en la provincia de Guipúzcoa.
txikito: vaso pequeño de vino.
vasco/a: del País Vasco.
zurito: nombre que dan los vascos a un vaso, ancho y bajito, de cerveza.

Más información en: www.euskadi.net/turismo

A. Estas imágenes corresponden a las tres ciudades más importantes del País Vasco, la comunidad que vas a ver en el reportaje. El nombre de las ciudades está escrito en vasco, ¿sabes cómo se llaman en español?

DONOSTIA

En español: ....

GASTEIZ

En español: ....

BILBO

En español: ....

B. ¿Sabes qué significa Euskadi? Aquí tienes un poco más de información sobre el euskera.

EL EUSKERA

El euskera es, junto con el castellano, la lengua oficial de la Comunidad Autónoma Vasca (Euskadi). Se trata de un auténtico tesoro cultural, es además, el medio de comunicación y de expresión de muchos vascos. No se conoce ninguna lengua emparentada con el euskera. Según los expertos es una de las lenguas más antiguas y, aunque existen distintas hipótesis, su origen sigue siendo un misterio.

DEPORTES VASCOS

A. Como verás en el reportaje, en el País Vasco se pueden practicar infinidad de deportes. Sin embargo, hay algunos que son propios de esta región, ¿cuáles? Coméntalo con tu compañero.

B. Lee el texto para saber más sobre los deportes del País Vasco. ¿Has podido ver en el reportaje todos los deportes que se mencionan en el texto?

Deportes rurales

Los juegos y deportes populares vascos se basan en la fuerza y guardan una relación directa con las tareas cotidianas de campesinos y pescadores.
En la actualidad, los deportes rurales o "*Herri Kirolak*" constituyen una de las actividades principales en las fiestas y celebraciones de las localidades vascas.

Existen numerosas modalidades, pero las más espectaculares son el levantamiento de piedras o "*harriketa*", deporte en el cual llegan a levantarse piedras que en ocasiones superan los 300 kg; el corte de troncos con hacha o "*aizkora*", cuyo objetivo consiste en cortar un tronco o una hilera de troncos en el menor tiempo posible y la "*idi-probak*" o arrastre de piedras, realizado por una pareja de bueyes.

Otro deporte, que también se practica en otras regiones del norte, es la "pelota vasca". Puede jugarse en parejas o en equipos de dos jugadores y consiste en lanzar la pelota contra una pared llamada "frontón". El adversario tiene que devolverla sin que la pelota haya botado más de una vez en el suelo.

En verano, en todos los pueblos de la costa se celebran competiciones de traineras, embarcaciones con capacidad para 12 o 13 remeros.

CONCURSO GASTRONÓMICO

A. Uno de los atractivos del País Vasco es su cocina, de gran prestigio en todo el mundo. Además de restaurantes de renombre, existen numerosos bares. ¿Cómo son? ¿Qué hay en las barras? Descríbelo y coméntalo con tu compañero.

B. Aquí tienes tres posibles *pintxos* que podrías encontrar en cualquier bar vasco. Si estuvieras en un bar, ¿cuál te comerías?

1

Ingredientes: anchoa, cebolla en vinagre y alcachofas

2

Ingredientes: hamburguesa, panceta y mostaza

3

Ingredientes: crema de anchoa y oliva negra, espárragos, anchoa y oliva negra

C. Perteneces a una sociedad gastronómica. Se va a celebrar un "Concurso de *pintxos*". ¿Por qué no te animas a concursar? ¿De qué sería tu *pintxo*?

D. Entre todos, decidid cuál de los *pintxos* propuestos es el mejor.

TRANSCRIPCIONES

ANDALUCÍA
Conocer Andalucía

Andalucía ocupa casi el 20 por ciento de la extensión de la Península Ibérica, disfruta de 300 días de sol al año y una temperatura media de 20 grados centígrados. El mar Mediterráneo y el Océano Atlántico delimitan unas costas que sirvieron de puerto a numerosas civilizaciones: fenicios y cartagineses, romanos, árabes...

No es posible entender Andalucía sin conocer su historia. La cultura de este pueblo está irrevocablemente ligada al pasado. Tradiciones profundamente arraigadas han desembocado en unas fiestas populares, ya sean religiosas o paganas, de impresionante contenido artístico.

Los contrastes son habituales en esta tierra, muchas de sus ciudades y pueblos conservan la urbanización musulmana, de estrechas callejuelas, que desembocan en plazas recoletas y facilitan al visitante la sombra y el reposo. Las todavía erguidas juderías evocan tiempos en los que el comercio era su motor económico y sus impresionantes murallas de defensa, los feudos medievales.

Andalucía encierra muchos secretos que aún están por desvelar, nada es tan evidente como parece. Se diría que el tiempo se ha detenido en estos pequeños pueblos blancos como lágrimas esparcidas en el paisaje.

La Andalucía más rural ofrece al viajero la posibilidad de disfrutar de la naturaleza en toda su plenitud. La red de parques naturales andaluces abarca 180 000 hectáreas de los más diversos paisajes.

Arte y paisaje, cultura y tradiciones compiten hoy en Andalucía con una oferta de ocio difícil de igualar.

La gastronomía y los vinos constituyen el complemento perfecto a la diversión, elaboración tradicional y excelentes materias primas. La variedad es tan extensa como pueblos y ciudades hay en su geografía.

Se dice que los andaluces son personas abiertas, alegres y que entienden muy bien la vida, pero sobre todo tienen una larga experiencia en acoger al visitante.

Sí, Andalucía es una tierra rica en contrastes.

ISLAS BALEARES

Yo, que he visto y he imaginado otros mundos, he comprobado que todos los pueblos del Mediterráneo están en unas islas mágicas: Mallorca, Menorca, Ibiza y Formentera; islas de un mismo mar, de un mar que las une y las hermana. Si así es tu deseo, acompáñame en este viaje, hacia estas islas de ensueño.

Islas Baleares, una primavera eterna.

Más de tres milenios de historia conforman el devenir de estas islas ancestrales esculpidas por el hombre, donde los días transcurren lentamente, donde los palacios, testimonio de esplendor y magnificencia, reposan en un eterno silencio. Escucha esas voces que prometen desvelarte el secreto de una vida serena y tranquila y deja que luces antiguas guíen tu rumbo hacia un lugar en el que mar y montaña se han unido ya para siempre. Sumérgete en sus aguas y verás que el cielo y el mar tiñen de azul el verde de unos paisajes totalmente vírgenes, intactos; y soñarás con fabulosas calas de arenas claras, forjadas pacientemente por el cálido viento del sur y aprenderás, al fin, el equilibrio exacto entre la conservación de la naturaleza y el progreso del hombre.
El sol inunda la llanura. Los pueblos del corazón de las Baleares han preservado el entorno y una manera especial de entender la vida, conservando costumbres y tradiciones pero adaptadas al pulso de los nuevos tiempos. Disfruta de las posibilidades que te ofrece la bondad de su clima, de la bonanza de sus vientos, de la dulzura de sus aguas, de la suavidad de sus caminos, de su cocina de aromas antiguos; y sentirás la armo-

nía de unas islas que te musitan antiguas leyendas de piedras y de gigantes. Y allí, a tu manera, serás el dueño del tiempo, en un lugar donde la tradición marinera convive con las nuevas formas de disfrutar de sus aguas. Las Baleares se convertirán en tu propia constelación de estrellas y amarás sus fiestas y su amor por la vida, y sus juegos y su paisaje.

Melkart, el dios púnico de los viajeros te llevará al último reducto del Mediterráneo, el final de un viaje a través del mundo solar hacia un paraíso de aguas claras y transparentes. Y te alimentarás de dulces perfumes y del delicado color de flores hermosas. Y cuando el alba proponga un nuevo día, rendirás culto a tus sentidos. Vengas de donde vengas, encontrarás aquí tu lugar. Y a la hora del crepúsculo cuando los dioses descansan entrarás en el Mediterráneo, una civilización que te espera desde hace miles de años.

CASTILLA-LA MANCHA
Castilla-La Mancha, estilo definido

Llanuras espléndidas custiodiadas por montañas que se abren a Occidente, paisaje que viaja de lo exhuberante a lo austero sin modificar su personalidad, una naturaleza esencialmente intacta que cuenta con más de treinta espacios naturales: Castilla-La Mancha, una personalidad que se identifica con el paisaje.

Un gallardo estilo de convivencia entre el hombre y la naturaleza que hace de Castilla-La Mancha, aún hoy, una de las zonas de fauna bravía más importante y amplias del Sur de Europa, una activa forma de ser, garantizada por un plan de conservación de medio natural capaz de reunir inquietudes y tendencias, plasmada en las reservas y parques naturales que protegen el legado a transmitir, reconocida en los parques nacionales, estandartes de una tradición, la única que realmente asegura el futuro: Castilla-La Mancha, tradición de futuro.

Pueblos de piedra domesticada que se hermana y se confunde con la piedra de erosión salvaje y caprichosa, levantados en armonía con un paisaje que ha mantenido intacta su identidad original, o diseminados como blancos oasis en llanuras interminables, un paisaje fértil para la civilización desde los tiempos originales del hombre, una tierra que se ha visto enriquecida por la siembra de diferentes culturas, llanuras de tolerancia que posibilitaron la comunicación entre diferentes formas de pensamiento, semillas que el tiempo convertiría en un talante propio, definido, diferente por su riqueza y universalidad: alma de Castilla-La Mancha.

Y también su rostro más visible, un patrimonio de belleza singular que exige y recibe la atención y los cuidados propios de una madurez que no renuncia a la juventud, un legado vivo, una inquietud permanente que hace de Castilla-La Mancha un espacio idóneo para la actividad cultural, un entorno estimulante para las manifestaciones artísticas que tensan el arco del clasicismo y se lanzan a la vanguardia, al abrigo de universidades de profunda tradición, enriquecidas con las modernas tecnologías docentes y de investigación, una nueva siembra que renueva el fruto de siglos de patrimonio cultural, de la mejor cosecha, cosecha cultural y cultura de las cosechas, laboriosidad y exigencia en la elaboración de los alimentos del cuerpo, al abrigo monumental de los alimentos del alma, sabiduría tradicional que también sabe asimilar las tecnologías de vanguardia y a integrar la maquinaria más moderna y las más innovadoras técnicas de cultivo en una herencia de siglos de buen hacer. Todo ello en una tierra integrada en la España seca pero que ha sabido establecer una nueva relación con el agua, ordenando y optimizando los regadíos, tradición modernizada para conseguir productos de personalidad indiscutible, diferenciados por su origen, signo de calidad: Castilla-La Mancha, un estilo propio en todos los sentidos, para los cinco sentidos.

Belleza, creatividad, tradición y eficacia, conjugados para crear en pocos años un tejido industrial de importancia creciente, con un espectacular desarrollo varias veces superior al resto de las comunidades autónomas del Estado español y con un rápido y fuerte arraigo en todos los sectores de la producción, capaz de convertir la tradición artesana en industria de primer orden, con una importante implantación comercial y de desarrollar permanentes mejoras en la manipulación de los productos agroalimentarios, y a su comercialización, con el apoyo de una extraordinaria y moderna red de comunicaciones, un joven sector industrial que ya se extiende a la implantación de modernas plantas de alta tecnología y donde el aprovechamiento de nuevas formas limpias de energía es una realidad de creciente implantación, una modernización que consolida y asegura el estado del bienestar, un esfuerzo solidario de todos y para todos: Castilla-La Mancha, naturaleza intacta por recorrer y disfrutar.

Una historia que se muestra, una cultura que se vive en un territorio hospitalario donde la tolerancia y la solidaridad forman parte del carácter, donde las voluntades se unen para construir, día a día, una comunidad mayor Castilla-La Mancha, estilo definido.

EXTREMADURA
¡Extremadura guarda el secreto!

Extremadura es noticia, los viajeros inquietos y quienes mejor entienden los mensajes del silencio comienzan ya a desvelar los secretos de una tierra llena de matices.

La historia se hace eco en Plasencia, en los monasterios de Yuste, de Tentudia, de Guadalupe, Patrimonio de la Humanidad, que lo es también Mérida, la capital del espíritu romano, la huella árabe en Cáceres, el Renacimiento en Olivenza, la suma de siglos en Trujillo y el aroma de Badajoz: arte e historia conjugadas en presente.

La otra cara espléndida de Extremadura son sus recursos naturales y un inagotable abanico de propuestas para el tiempo de ocio. Extremadura adopta el paso de la naturaleza, su secreto es la paciencia y su rasgo más peculiar, la diversidad de sus espacios naturales, a lo largo de un territorio lleno de contrastes y colores. La luz no deja de brillar, creando un álbum de agua al norte de su geografía, pródiga al sur en infinitas dehesas como océanos de sol. Extremadura vive una madura juventud, corren las voces y cada vez son más quienes se sienten atraídos por un nuevo estilo de viaje, por una manera más personal de acercarse a emociones auténticas y sencillas.

Extremadura ofrece el espíritu abierto de sus lugares, la calma al margen del tiempo de sus calles antiguas, los siglos intactos heredados de la Antigüedad, el espectáculo de la naturaleza desde dentro mismo de su escenario, para ser testigos de las últimas islas de la perfección, la posibilidad de abrirse paso entre las venerables columnas de la Antigüedad y los más espectaculares espacios destinados a su recuerdo.

Cualquier época del año es buena para disfrutar de la estancia en nuestra comunidad.

En primavera la floración del cerezo es el anticipo de un tiempo de iluminación que se aprovecha junto a las corrientes de agua, lugares priviligiados para ejercitarse en pacientes pasatiempos deportivos, como la pesca. Las calles se llenan de color con el renacimiento de la tradición popular, de los bailes al sol que conservan todo el tipismo de cada comarca.

Reflejos de jovialidad que dan paso al verano donde se acumula la oferta lúdica y cultural, los festivales y espectáculos teatrales a la luz de la luna, en la red de los universales escenarios de la región. El verano es del color rojo de la renacida cereza y del transparente de las aguas.

Entre los atractivos turísticos de Extremadura, el termalismo goza de unas singulares propiedades que brindan un placentero reencuentro con la medicina natural. Algunos balnearios extremeños añaden un notable arqueológico a sus propiedades termales que procuran la cura, la prevención, el descanso y la tonificación para todas las edades.

Con la llegada del otoño, Extremadura recupera el tono dorado y los nuevos colores acuden puntuales a la cita. El tiempo se disfruta con menos prisa, parece abundar más para que haya oportunidad de saborear todos los rincones, para que se rinda el sol y brote con naturalidad la fiesta. Y Extremadura, en fiestas, es el delirio: las noches de santos y fuego, las madrugadas de alboradas, los días de promesas y procesiones, los desfiles de máscartas sencillas y sofisticadas, de pasión y penitencias, los secretos más íntimos de un pueblo snetimental.

Y si la acción despierta el apetito, es esta tierra, como no, de contrastes gastronómicos, donde las materias primas siguen patrones centenarios. Las recetas se basan en el respeto y cariño hacia su herencia, y el resto lo pone la naturaleza. Para nuestros sabores no pasa el tiempo, en un panorama gastronómico marcado por la diversidad y la calidad, donde es posible recrearse con los mismos platos que siglos atrás probasen extremeños y viajeros.

Quienes conocen bien esta tierra sabenque guarda celosamente el secreto de lo auténtico, las novedades acuñadas durante milenios de tradicón y una envidiable armonía entre sus gentes y la naturaleza. En ella se represnta el gran teatro del tiempo, el misterio de lo que existió y deja huella, el éxito de un marco natural aún radiante. Si es su deseo disfrutar del origen y anticiparse al porvenir, Extremadura es su secreto.

PAÍS VASCO
Euskadi, con mucho gusto

¡Abre bien los ojos!, Euskadi es un país por descubrir, vivo, único, que se abre al mundo con esplendor, que acoge al visitante con los ojos abiertos y te da la bienvenida con mucho gusto. Este es nuestro mundo, tu mundo, donde tienes mucho que ver y todo por conocer, al alcance de la mano.

Cercano en el corazón y la distancia, donde 100 km pueden cambiarte la vida y la manera de ver las cosas.

Bienvenido a un lugar extraordinario que te sorprenderá a cada segundo, donde lo bueno de la vida se ve y emociona: Bilbao, Donostia/San Sebastián, Vitoria/Gasteiz, ciudades con el encanto de tiempos lejanos, lugares donde el tiempo se detuvo para ser contemplado, donde lo nuevo se funde con la historia, Euskadi es otra y es la misma. Sus ciudades salen al encuentro del siglo con más fuerza que nunca. En Euskadi el arte se vive por fuera y se lleva muy dentro, desde siempre, para siempre. Un nuevo País Vasco ha renacido, cosmopolita, atractivo y cautivador. La diversión surge de cada rincón del corazón, la fiesta se mueve al ritmo de su gente, con intensidad, con alegría; es el latido de todo un pueblo, la calle es el escenario, punto de encuentro y puro espectáculo, un intercambio de fantasía.

Entra y abre bien los ojos. En este lugar priviligiado los amantes de lo bueno de la vida se sienten mil y una veces recompensados, ciudades y pueblos de gente amable y alegre que encuentra tiempo para disfrutar de la vida, gente abierta a reconocerse en el visitante, generosa y hospitalaria.

Un gran placer, al alcance de todos, con todo su sabor y su encanto. Lo mejor del mar y de la tierra y algunos de los mejores vinos del mundo se saborean en nuestras mesas, una combinación irresistible; de lo bueno, lo mejor, sensaciones que perdurarán en tu memoria y que verás cómo conquistan tu corazón.

En Euskadi todo es posible, el deporte es parte esencial de nuestra vida, nuestra propia expresión una manera de entenderla única en el mundo. Aquí la belleza natural despierta todos los sentidos con emociones indescriptibles, con infinitos lugares por descubrir y comtemplar, donde realmente se siente el milenario ritmo de la naturaleza.

Mira atentamente, hay todo un mundo de nuevas posibilidades por conocer, por vivir y disfrutar.

Bien sea por turismo, congresos o negocios, siempre disfrutarás de tu estancia y te encontrarás perfectamente atendido. Euskadi se abre al mundo, diferente y la misma, nueva y milenaria, en una nueva era en la que hemos puesto lo mejor de nosotros mismos. Aquí es fácil llegar y difícil despedirse, tenemos lamejor receta para unas vavcaciones inolvidables.

¡Déjate ver!, tenerte entre nosotros será un placer.
Euskadi, con mucho gusto

SOLUCIONES

ANDALUCÍA

OCHO PROVINCIAS

A.

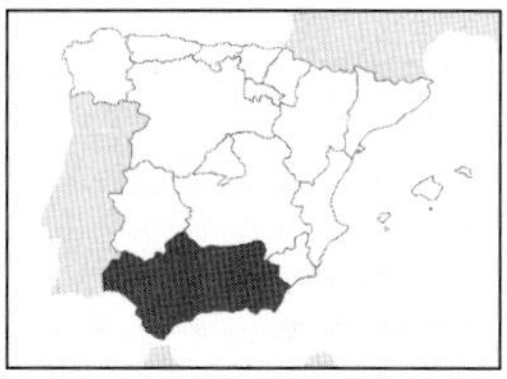

B.

Granada, Huelva, Málaga y Sevilla.

CONOCER ANDALUCÍA

A.

1. extensión **2.** temperatura **3.** árabes **4.** fiestas **5.** urbanización **6.** comercio **7.** blancos **8.** parques naturales **9.** vinos **10.** alegres

UN PÓSTER PARA ANDALUCÍA

B. Sugerencia:

Andalucía, la pasión del Sur.

BALEARES

CUATRO ISLAS

A.

							M		
F	O	R	M	E	N	T	E	R	A
							N		Z
							O		I
							R		B
							C		I
M	A	L	L	O	R	C	A		

B.

1. Ibiza **2.** Formentera **3.** Menorca **4.** Mallorca

DE VACACIONES EN LAS ISLAS BALEARES

A. Sugerencia:

Mi diario

Hoy me he levantado al mediadía. Anoche me acosté tardísimo, estuve bailando hasta las tantas. Después del desayuno me he ido a la playa con Marta, una chica española que conocí anoche. Me ha llevado a una playa preciosa donde apenas había gente. Nos hemos puesto en una cala cerca de unos pinos que nos daban sombra. ¡Menos mal, porque hacía un calor insoportable! Casi no nos hemos movido del agua: tenía un color azul turquesa y ¡estaba fresquísima!
Cuando volvíamos de la playa hemos parado en un yacimiento arqueológico muy interesante. Había muchas construcciones de piedra prehistóricas con formas cuadradas y rectangulares. Ahora estoy en la terraza del hotel descansando un poco y tomándome un refresco. He quedado con Marta a las diez para cenar y espero no volver pronto al hotel.

CASTILLA LA-MANCHA

PAISAJES MANCHEGOS

A.

1. E **2.** D **3.** B **4.** C **5.** F **6.** A

CASTILLOS Y MOLINOS

A.

Cervantes inmortalizó el paisaje castellano, lleno de molinos y castillos, con Don Quijote, el personaje literario más conocido internacionalmente.
La Comunidad de Castilla-La Mancha fue durante la Reconquista, tierra fronteriza con los árabes. Muchos de los castillos que se encuentran en esta región y que fueron construidos en los siglos XIV y XV marcaban los límites entre los reinos de Castilla y Aragón.
Toledo, capital y centro del imperio español en tiempos de Carlos V, conserva un patrimonio artístico y arquitectónico incomparable. Destacan sus iglesias, mezquitas y sinagogas, herencia de la convivencia de las culturas judía, cristiana y musulmana.
La ciudad de Cuenca es conocida por sus "casas colgadas" al borde de las rocosas paredes que se alzan entre los ríos Júcar y Huécar. Una de ellas alberga el conocido museo de Arte Abstracto.
En las inmensas llanuras manchegas, de tierra color ocre y cielos de un azul intenso, se extiende la mayor extensión de viñedos del mundo. Entre sus vinos más famosos se encuentran los

de Valdepeñas, Almansa y los Vinos de la Tierra de Castilla. Otro de los encantos de esta comunidad es la belleza de sus parques y reservas naturales, lugares que ofrecen interesantes excursiones como las Tablas de Daimiel, La Alcarria y la Sierra de Alcaraz.

TRES MUSEOS

B.

Museo de Arte Abstracto (Cuenca) y Museo Sefardí (Toledo)

EXTREMADURA

TRES ESTACIONES

A. Sugerencia:

Primavera: pescar, visitar monumentos, ir de excursión a parques naturales

Verano: asistir a algún festival de teatro (Mérida), bañarse en los ríos de los parques naturales, ir a algún balneario

Otoño: ir en bicicleta, hacer excursiones, asistir a las fiestas de Extremadura (encamisá, Jarramplas, Carantoñas, Empalaos), degustar su gastronomía

¡EXTREMADURA GUARDA EL SECRETO!

A.

1. A **2.** C **3.** E **4.** D **5.** B

LA RIOJA

BREVE VISITA A LA RIOJA

A. Sugerencia:

Paisajes: La Rioja es una región con una gran variedad de paisajes: valles verdes con árboles, ríos, montañas nevadas...

Lugares: En las poblaciones de La Rioja hay multitud de iglesias, monasterios y monumentos.

Fiestas: Algunas fiestas de La Rioja están relacionadas con la vendimia, otras con danzas antiguas.

Productos de la tierra: La Rioja es una tierra rica en productos como espárragos, pimientos, peras y sobre todo, vid, de donde se elabora el vino.

Productos de la tierra: Además de una gran variedad de platos, en La Rioja hay unos dulces típicos hechos al horno.

DE FIESTA

B.

La batalla del vino

VINOS DE LA RIOJA

A. Sugerencia:

Primer plato: ensalada variada con marisco

Segundo plato: patatas a la riojana

Postre: flan con nata

B. Sugerencia:

Para el primer plato un vino blanco seco y para el segundo plato un vino tinto.

PAÍS VASCO

TRES CIUDADES

A.

DONOSTIA: SAN SEBASTIÁN

GASTEIZ: VITORIA

BILBO: BILBAO

B.

Euskadi significa "País Vasco".

DEPORTES VASCOS

A.

Deportes vascos que salen en el vídeo: Levantamiento de piedras (*harriketa*), corte de troncos (*aizkora*), pelota vasca, regatas de traineras.